Memorias de Guerra

Colección Bombardeo de Gernika, No.4

Memorias de Guerra

Joxe Iturria Lasaga

Edición de
Antonio Iturria Lekuona

Gernikako Bakearen Museoa Fundazioa
Gernika-Lumoko Udala

ITURRIA, Joxe
Memorias de guerra
Gernikako Bakearen Museoa Fundazioa. Gernika-Lumoko Udala
2013
152 p.; 16x23 cm
ISBN 978-84-936190-7-7
D.L.: BI-1522-2013
1. Bombardeo de Gernika – Testimonios de guerra
CDU: 94 (460.152 Gernika)"1937"

>Gernikako Bakearen Museoa Fundazioa
>Gernikako Bonbardaketari buruzko Dokumentazio Zentrua
>>Foru plaza, 1
>>48300 Gernika-Lumo (Bizkaia)
>>Tel.: 94 6270213
>>Fax: 94 6258608
>>E-mail: dokumentaziozentrua@gernika-lumo.net
>>Web: www.bakearenmuseoa.org

>Gernika-Lumoko Udala
>>Foru Plaza, 3
>>48300 Gernika-Lumo
>>Tel.: 94 6270200
>>Fax: 94 6257542
>>E-mail: info@gernika-lumo.net
>>Web: www.gernika-lumo.net

Copyright © 2013 Gernikako Bonbardaketari buruzko Dokumentazio Zentrua

Todos los derechos reservados. Queda prohibida la reproducción total o parcial de este libro, así como su almacenamiento en sistemas de recuperación o su transmisión en ninguna forma o por ningún medio electrónico, mecánico, fotocopiado, escaneado o cualquier otro, sin el permiso previo y por escrito del editor.

Primera edición. Segunda impresión.

Diseño de cubierta © 2014 TUA & Co.

He aquí que veo a mi padre...

Índice

Presentación	9
Prólogo	13
Verano de 1926	19
Con catorce años, en 1928	33
La Guerra de 1936	51
Durango y Gernika	61
En el frente de Asturias	83
Depurado	95
Posguerra	117
Notas	145

Presentación

El veinte por ciento de los bombarderos y cazas de la fuerza aérea rebelde a las órdenes del general Franco en abril de 1937 tomó parte en el bombardeo de Gernika. El 85,22 por ciento de los edificios en la localidad fueron completamente destruidos, y la práctica totalidad de las restantes edificaciones fueron seriamente dañadas. El Gobierno de Euskadi registró 1.654 muertes entre abril y junio de 1937 como resultado del bombardeo. Pero las víctimas fueron más, ya que los cuerpos de las personas que perdieron la vida bajo los escombros no pudieron ser rescatados, ni serían jamás registrados.

Las autoridades del régimen procuraron borrar toda evidencia de que Gernika había sido bombardeada y no hicieron esfuerzo alguno por recuperar los cuerpos de las víctimas mortales ni por registrar sus fallecimientos. El desescombro de las ruinas de Gernika dio comenzó dos años después del bombardeo, en febrero de 1939, y a finales de diciembre de 1941 los prisioneros de guerra obligados a realizar esta tarea ni tan siquiera habían terminado de desescombrar el centro urbano. Después de recoger más de 60.000 m^3 de escombro durante tres años de trabajo, las autoridades no registraron ni un solo deceso. Las víctimas que habían perdido la vida en el bombardeo perdieron también el derecho a ser recordadas.

El 13 de agosto de 2013 tuvimos el placer de presentar en la sala Elai-Alai de Gernika la edición en castellano del libro de William Smallwood 'Egurtxiki' que lleva por título *El día en que Gernika fue bombardeada*. Traducida por Juanjo Mintegi, esta obra recoge los testimonios de 129 testigos directos del bombardeo, muchos de ellos inéditos.

Estaba con nosotros en la presentación de este libro Joxe Iturria, antiguo gudari de 98 años de edad, que estuvo en Gernika el 26 de abril de 1937 y en Durango el 25 de septiembre de 1936 y el 31 de marzo de 1937. Tenía entonces 22 años.

Joxe Iturria

Durante 53 años guardó silencio porque tenía miedo a hablar. No era un miedo gratuito. Mucha gente fue recluida en prisión o multada por mencionar que Gernika había sido bombardeada. Hasta la muerte del dictador en 1975 nunca se publicó la verdad de lo que había ocurrido en Gernika, en Durango o en tantas otras localidades bombardedas durante la campaña de primavera de 1937 en Euskadi.

Vencido el miedo y muerto el dictador, Joxe Iturria pudo contar a sus hijos lo que había vivido en Gernika y en Durango los días en que estas localidades fueron bombardeadas. Su hijo Antonio puso por escrito las memorias de su padre y, años después, el Dr. Xabier Irujo tuvo la oportunidad de entrevistar a Joxe y recoger en este libro las experiencias de un gudari al que la guerra marcaría dolorosamente durante toda su vida.

El recuerdo de las víctimas del bombardeo debe perdurar en la memoria de los vivos por medio del testimonio de nuestros mayores. Este libro es un esfuerzo en este sentido, un esfuerzo para dar la palabra a nuestros antepasados y de ese modo rescatar del olvido el testimonio del sufrimiento y la muerte causada por quienes bombardearon Gernika. Un esfuerzo por dar a conocer la verdad de lo que aquí ocurrió y por recuperar el recuerdo de las más de 2.000 víctimas del bombardeo.

José María Gorroño Etxebarrieta
Alcalde de Gernika-Lumo
Gernika-Lumoko alkatea

Prólogo

En 1997 el ayuntamiento de Gernika-Lumo creó el Centro de Documentación sobre el Bombardeo de Gernika - Gernikako Bonbardaketari buruzko Dokumentazio Zentroa (GBDZ) cuya misión es recopilar, conservar y difundir toda la documentación existente relativa al bombardeo de Gernika.

Desde entonces el GBDZ ha recopilado más de 60.000 documentos procedentes de más de veinticinco archivos europeos y norteamericanos. El centro ha impulsado asimismo la creación de una extensa biblioteca sobre el bombardeo, con más de 5.000 libros, numerosos folletos, periódicos, revistas y documentales. Quince años después de su creación el GBDZ contiene el fondo más amplio y completo sobre este hecho histórico.

El GBDZ ha impulsado asimismo la celebración de congresos y la publicación de monografías sobre el bombardeo, procurando cubrir las lagunas de la historiografía anterior a

1997 sobre el bombardeo de Gernika. Éste volumen es el cuarto de una colección de monografías dedicadas al estudio del bombardeo de Gernika.

Cuarenta años de negacionismo dieron lugar a una historiografía reduccionista tendente a minimizar las consecuencias del bombardeo (número de aviones que participó en el bombardeo, toneladas de bombas lanzadas, nivel de destrucción y número de víctimas mortales). Además, la historiografía reduccionista procuró ocultar la naturaleza del bombardeo de terror haciéndolo pasar por un bombardeo estratégico cuyo objetivo habría sido la destrucción del puente de Errenteria.

No obstante, gracias al ingente aporte documental al que he hecho referencia, podemos afirmar a día de hoy que la mayor parte de los aspectos más polémicos del bombardeo han sido debidamente documentados. Podemos documentar hoy la participación de más de sesenta aviones en el ataque a Gernika que, volando por debajo de los 600 metros de altura, lanzaron entre 31 y 41 toneladas de bombas explosivas e incendiarias, todo lo cual provocó la destrucción total de al menos el 85 por ciento de los edificios de la villa y la destrucción parcial del resto de las edificaciones. Apenas un uno por ciento de los edificios pudo salvarse de la destrucción. Por lo que respecta al número de víctimas mortales, la documentación de que disponemos indica que fueron más de 2.000 las personas que perdieron la vida en Gernika a consecuencia del bombardeo.

La recuperación de la memoria histórica requiere que los testimonios de las personas que vivieron los hechos que tuvieron lugar en Gernika en abril de 1937 sean registrados. Las Memorias de Guerra de Joxe Iturria marcan un nuevo hito en esta dirección. Entre todos aquellos supervivientes que han dado a conocer lo que vieron, vivieron y sufrieron, Joxe Iturria es a día de hoy el testigo de más edad. Es, además, una de las contadas personas que estuvo presente en el bombardeo de Gernika y en los de Durango de septiembre de 1936 y marzo de 1937. Tenía entonces 22 años. Trasladó en su camión los cadáveres de las víctimas del bombardeo de Durango de 1936 desde el frontón al cementerio, contando no menos de treinta cuerpos sin vida. Estuvo de pie sobre las ruinas de lo que había sido el refugio de Andra Mari de Gernika y, como hiciera en su día el alcalde Jose Labauria, ha expresado que allí perdieron la vida alrededor de 500 personas: todas las que se habían protegido en dicho refugio, ya que no se pudo rescatar apenas a nadie. La mayor parte de las víctimas eran civiles, refugiados que huían de la zona ocupada por los rebeldes al este de Gernika.

Las Memorias de Guerra de Joxe Iturria no se limitan a narrar los acontecimientos que tuvieron lugar en el frente de guerra, sino que incluyen también la narración de los dramas que tenían lugar en los hogares, lejos del frente. Y las inclemencias a las que tuvieron que hacer frente las familias afectadas por la guerra y la dictadura en los oscuros años de la posguerra.

Xabier Irujo
Renoko Euskal Ikergunea
Centro de Estudios Vascos
Universidad de Nevada, Reno

Verano de 1926

Un tren de mercancías corre por la margen izquierda del río. Su locomotora a vapor deja flotando atrás una nube de humo sobre los vagones repletos de productos que son el principal y casi único abastecimiento de los numerosos pueblos del valle del Bidasoa y del valle del Baztan. Se detiene en las numerosas estaciones a su paso para descargar los pedidos y pasajeros, que se distribuyen después hasta los pueblos más alejados en carretas, burros y caballos por caminos a veces difícilmente transitables. Volverá a Irun cargado con carbón, madera, ganado y productos agrícolas, así como con pasajeros, en un intercambio constante y fructífero para toda la comarca.

De una de las primeras estaciones, llamada Bereau, parte una sinuosa carretera de tierra que se interna por una garganta oscurecida por frondosos árboles hasta que, pasada una ermita llamada Salbatore, el paisaje se abre espectacularmente en un hermoso y amplio valle rodeado de colinas salpicadas por caseríos y prados verdes rematado al fondo por unas montañas más altas. Siguiendo la carretera, se llega a un pueblecito de antiguas y preciosas casas de piedra que parece reposar, dominado por una gran iglesia.

En esta época, Lesaka, capital de la comarca navarra de Bortziriak, el valle de las cinco villas, carecía de industrias, dedicándose sus vecinos a la agricultura y a la ganadería. En la mayoría de las casas había ganado, incluso en las del casco urbano, todas las calles y caminos eran de tierra y en toda la villa no había sino un solo coche. Pero, al tener el antiguo privilegio de organizar ferias comarcales cada quince días, hubo siempre un nutrido número de artesanos de oficios muy variados, como alpargateros, fabricantes de yugos para bueyes a medida, un hojalatero que hacía botes de chapa para conservas, e incluso en una casa se fabricaban productos de cera, candelabros y velas de todo tipo, y ¡chocolate! en tabletas y en monedas, para deleite de los niños. Tenía fama entre las demás villas de la comarca de ser un pueblo de alegres juerguistas y ocurrentes bebedores, pero también de esforzados y tenaces trabajadores. En suma, a sus habitantes les gustaba mucho la vida en todas sus facetas.

El silencio de una perezosa tarde veraniega sólo era interrumpido ocasionalmente por las campanadas de la iglesia y los golpes de aizkora de algún leñador. En el frontón, jugábamos descalzos a pelota con las alpargatas apiladas en una esquina para no desgastarlas. Se oían lejanos los gritos de una mujer, llamando a sus dos hijos:

- *Sehizak hik!*
- *Ez, sehizak hik!*[1]

Los hermanos nos increpábamos, pero echamos a correr como alma que lleva el diablo pues sabíamos que a Mari Cruz Lasaga, la mujer de Antton Mari Iturria, nuestra amatxo, no le gustaba que nos retrasáramos.

Mujer de mucho carácter y férrea disciplina, criaba entonces a seis hijos en la casa Ezkuntza de Lesaka: el mayor era yo, Joxe, de doce años; Xalbador, de diez años y medio; Modexto, de ocho; Aguxtin, de seis y, los dos gemelos, Felipe y Karmen, de cuatro.

Mari Cruz Lasaga y Antton Mari Iturria con sus hijos Joxe (derecha), Xalbador (izquierda), Modexto (arriba) y Aguxtin (de pie). Felipe y Carmen no habían nacido aún. Lesaka, ca. 1922. Foto, Iturria familia.

Joxe Iturria

Los dos mayores teníamos el encargo de cuidar de los gemelos, los cargábamos a la espalda y los llevábamos a todas partes, de forma que se acostumbraron y se nos agarraban como lapas, dejándonos las manos libres para jugar.

Los chicos teníamos una gran libertad entonces pues no había tráfico, la escuela nos ocupaba tan sólo unas pocas horas al día y nos movíamos libremente por las calles en cuadrillas, jugando y haciendo un sinfín de trastadas, bajo la mirada benevolente y la mayoría de las veces divertida de nuestros mayores.

En una de estas correrías un grupo de chavales robó una vez un burro de algún caserío y toda una cuadrilla, incluidos Xalbador y yo, jugamos con él empujándolo y montando encima, hasta que terminó dentro de un canal poco profundo que todavía corre cerca de Ezkuntza. El burro, seguramente agotado, tropezó y se metió debajo de un puente estrecho y muy bajo del que no hubo forma de sacar. Atascando el canal, terminó por ahogarse; el agua se desbordó y corrió en abundancia por las calles. Las ordenanzas viejas prescribían que ninguna persona de cualquier estado o condición osara echar un sapo a las aguas de Onin erreka o Biurrea "ni de día ni de noche", y nosotros habíamos tirado... ¡un burro!

Naturalmente, todos echamos a correr presa del pánico a nuestras casas, pero la fechoría era tremenda: dos guardias civiles se presentaron en casa y nos llevaron a los dos hermanos y al resto de los culpables a la cárcel del pueblo que en aquella época estaba en los bajos del ayuntamiento. Nos tuvieron presos hasta las doce de la noche y tan sólo nos soltaron cuando vinieron nuestras madres a buscarnos y pagaron la multa. Ni qué decir tiene que las broncas y castigos fueron fenomenales.

Los domingos, después de la misa mayor, los chicos de Ezkuntza esperábamos ansiosos la llegada del attautxi Juan Joxe, al que veíamos llegar al pueblo ataviado con su txapela y la blusa negra de los domingos: nos traía siempre "olatak", una especie de bollo de pan blanco, una golosina para nosotros, pues en aquel entonces y en aquella casa sólo se comía pan blanco los domingos, y en otras casas nunca: siempre opilas de maíz.

Mari Cruz y sus hermanos Modexto, Prantxiska (monja), Aguxtin y Felipe, eran hijos de Alejandro Lasaga y Balentiña Portu, dueños del caserío Ontsalea, distante del centro del pueblo aproximadamente un kilómetro. Era éste un próspero caserío, con seis vacas, tierra de labranza y una arboleda de manzanos con los que se hacía y vendía sidra. Toda una industria para aquel tiempo. Además había en Ontsalea cerdos, gallinas y hasta una colmena en la ganbara del caserío.

Antton Mari era hijo de Juan Joxe Iturria y Aguxtina Etxeberria, inquilinos del caserío Luberrondo, situado muy cerca de Ontsalea. Por tanto, una familia con menos recursos.

Mari Cruz tenía dieciocho años y Antton Mari veinticuatro cuando se casaron en 1913. En un principio se instalaron en Luberrondo donde al año siguiente nació su primer hijo, Joxe, el que escribe estas líneas. Posteriormente Antton Mari compró a un tío suyo soltero llamado Prantxisku "Xota" Etxeberria una casa en el pueblo, en el barrio Bittiria, llamada Ezkuntza. La arregló, levantó un piso más de altura y el joven matrimonio se instaló allí, donde nacieron el resto de sus hijos.

El hermano de Mari Cruz, Modexto Lasaga, se quedó como cabeza de familia en el caserío Ontsalea. Modexto, que era albañil, agricultor y que dedicaba su tiempo libre a escribir en euskara -llegando a publicar dos artículos en Zeruko Argía- se casó con Nikolaxa Legasa. Y de este matrimonio nacieron tres hijos: Martina, Balentiña y Periko. Pero en aquella época la muerte siempre rondaba muy de cerca y, del mismo modo que se había llevado a dos hijos de Ontsalea, se llevó también al cabeza de familia, Modexto, de un ataque al corazón. De los cinco hijos del matrimonio tan sólo sobrevivieron dos. El caserío quedó entonces con Alejandro, ya anciano, la viuda de Modexto y los tres hijos, muy pequeños, del matrimonio. Quedó también en Ontsalea Felipe, soltero y, al parecer, hombre de poco fundamento. El caserío, antes próspero, quedó mermado e ingobernable.

En reunión familiar se decidió el cambio de domicilio: el matrimonio Iturria-Lasaga se encargaría del caserío y la viuda y los hijos de la familia Lasaga-Legasa pasarían a vivir en Ezkuntza.

Mari Cruz era una típica etxekoandre de nuestra tierra: alta, gruesa, de pelo negro, imponente no sólo por el físico sino sobre todo por su recio carácter. Ella expulsó de Ontsalea a su hermano menor Felipe, soltero y muy juerguista, y crió junto a sus hijos al huérfano de su hermano Modexto, Periko, y a Josetxo Igoa, huérfano de un trabajador de Antton Mari. Además, algo después, recogieron también a Juan Joxe, padre de Antton Mari, al que su hija había expulsado de Luberrondo.

Matrimonio e hijos
Antton Mari – Mari Cruz
Joxe, Xalbador, Modexto, Aguxtin, Karmen y Felipe

Ancianos
Alejandro Lasaga y Juan Joxe Iturria

Huérfanos pequeños
Periko Lasaga y Josetxo Igoa

En total, había en Ontsalea doce bocas que alimentar: seis hijos, dos huérfanos pequeños, el padre de Antton Mari, el padre de Mari Cruz, además del matrimonio. Y había que remendar y limpiar sus ropas, ordenar y limpiar sus cosas, hacer leña para el fuego, lavar la ropa de todos en el río, traer agua de una fuente cercana, dar de comer a los animales, recoger los frutos de los frutales, cuidar de la huerta, hacer quesos, adobar o salar la carne, hacer las opilas... Había que hacer o encargarse de que se hicieran todas esas tareas -y muchas más- sin lavadora, sin frigorífico, sin calefacción, sin electricidad, ni agua corriente.

En los largos y crudos inviernos el viento y el frío se colaban por los resquicios de las casas y los días de lluvia teníamos que estar atentos a las goteras, ya que de lo contrario los niños agarrábamos tremendos catarros con el consiguiente peligro de contraer enfermedades peores como bronquitis, pulmonía, escarlatina, tosferina o tuberculosis, enfermedades éstas muy habituales y que podían matarnos con facilidad. El tétanos o el tifus -que se transmitía por la picadura de los piojos, pulgas y garrapatas que portaban los animales de la casa- eran también letales en aquellos días.

Sólo pudimos salir adelante en virtud de la abnegación, la resignación, la adaptación a las penurias y el ingente y continuo trabajo de

Antton Mari y de Mari Cruz, que afrontando los difíciles retos de aquellos días supieron sacar adelante a su familia. Las decisiones que tuvieron que tomar no eran del estilo de "no sé qué me voy a poner hoy para ir a cenar", sino del tipo de "¿qué pongo en la mesa para alimentar tantas bocas? o "¿cómo los abrigo y los calzo este invierno?, ¿cómo voy a evitar que mis hijos mueran de enfermedad o de hambre? o, ¿cómo llevo dinero a casa si no tenemos trabajo? (en invierno apenas había trabajo para los albañiles y se dedicaban a fabricar mimbres para cestos, que después vendían a los cesteros). No podían tirar la toalla, no podían desesperarse y tenían que continuar siempre trabajando sin descanso porque si flaqueaban los padres la vida de sus hijos y la del resto de la familia corría peligro.

Y la situación de esta familia no era extraordinaria. Más bien era mejor que la habitual en la sociedad en la que les tocó vivir. Sus férreas costumbres, valores y creencias constituían el único credo para seguir adelante. Costumbres lógicas entonces, consecuencia de una evolución de siglos, basadas en la ayuda mutua, el cooperativismo y la obligada solidaridad. Por ejemplo, cada vez que se sacrificaba un cerdo en una casa, se repartía prácticamente la mitad entre las casas de alrededor. Cuando alguien caía enfermo recibía las visitas de todos los vecinos que traían presentes o dinero. Cuando alguien fallecía, se asistía a la familia en todas sus necesidades, incluso haciendo los trabajos del campo, cuidando el ganado o en la huerta, por el tiempo que fuera necesario. Y, aunque hoy en día algunas de estas costumbres nos parezcan innecesarias, folklóricas, absurdas e incluso crueles o injustas, nosotros vivimos como nos lo habían enseñado nuestros mayores.

Uno de los objetivos fundamentales de estas costumbres era que en cada casa o caserío se mantuviese la familia como una unidad dentro de la comunidad formada por el pueblo, dejando de lado las individualidades. La casa y la familia que la habitaban era el núcleo y fundamento de la sociedad, por eso nos conocíamos como "Aguxtin Ontsalkua", "Pillotegiko Jauna", "Ubiriko Etxekoandria" o "Bixente Arrikua". De este modo logramos sobrevivir todos unidos, ayudándonos y cooperando los unos con los otros y en virtud de las normas que habíamos adoptado en asamblea, como habíamos hecho desde que se pusieron por escrito las ordenanzas de 1429, o las de 1705. Y, en numerosas ocasiones, procurando burlar las normas que nos impusieron desde fuera y que nos tocó sufrir, fundamentalmente a partir de 1936.

La cualidad más valorada de nuestras costumbres era y sigue siendo el trabajo y es por ello que todos los hijos de Ontsalea se pusieron rápidamente a trabajar en la labranza, con los animales y en una multitud de tareas propias del caserío, bajo el mandato de ama y las pacientes enseñanzas de attautxi Alejandro.

Con catorce años, en 1928

A los catorce años, después de estudiar dos o tres años en Bera, empecé a ayudar a mi padre, albañil, cuando había trabajo y, cuando no había, me dedicaba a hacer cestos y otras manualidades. Lo que fuera para traer comida o dinero a casa.

Con dieciséis años excavé un pozo en la huerta, instalé un depósito en la ganbara y, mediante una bomba manual, pudimos disponer por vez primera de agua corriente en la cocina.

Ante la necesidad, Antton Mari, hombre grande, rubio y de ojos azules, demostró ser un trabajador incansable, emprendedor y atrevido, aceptando cuantas obras llegaban a sus oídos, aunque no tuviese medios para realizarlas, ni dinero, ni estudios suficientes: consiguió que le adjudicasen el sistema completo de desagües de Lesaka, obra en la que trabajamos Xalbador y yo, con quince y dieciséis años respectivamente.

Joxe Iturria en 1927, con trece años de edad. Foto, Iturria familia.

Joxe Iturria

Para emprender la obra de los desagües de Lesaka tuvimos que acarrear los tubos de hierro con un carro y dos vacas desde la estación del "tren txikito", en el Bidasoa.

El ayuntamiento nombró "sobrestante", esto es, supervisor, a un tal "Txardin", que había pujado por la obra pero la había perdido ante Antton Mari: como venganza éste se dedicaba a incordiar en todo lo que podía.

Una vez, en la estación del tren, se puso a revisar una partida de tubos de hierro colado, material muy bueno y caro pero frágil, que había comprado Antton Mari. Intentando separarlos, rompió algunos diciendo que eran defectuosos. Salió por piernas perseguido de cerca por Antton Mari que, si lo llega a coger, lo habría molido a golpes. Habitualmente afable y bonachón, el Jaun de Ontsalea tenía su genio, y más cuando se trataba de cuestiones relacionadas con el trabajo.

En otra ocasión, Xalbador, joven amable y tranquilo, estaba realizando una acera cuando se acercó "Txardin" vociferando que todo estaba mal hecho y a patadas deshizo parte del trabajo. Sin decir nada Xalbador volvió a poner las piedras en su sitio, se puso de pie, apuntando ya la corpulencia y carácter heredados de sus padres y, con un valor asombroso para sus quince años escasos, se encaró con aquel hombre y mirándole a los ojos le dijo:

- *Botzik berriz, barrabillak battuk*[2].

El sobrestante, viendo la amenaza reflejada en la intensa mirada de aquel joven dio media vuelta y se marchó refunfuñando.

Aita consiguió que le concedieran una obra en Irun, en la calle Fuenterrabía. Se trataba de una casa de varios pisos en la que empecé a trabajar de aprendiz con una cuadrilla de albañiles de Lesaka, de Arantza y de otros pueblos de la zona. Yo entonces era pequeño, ligero y ágil como una ardilla y me llamaba la atención un grupo de mujeres vocingleras, alegres y desenfadadas, parloteando en el euskara peculiar de Hondarribia que descalzas, a pie, llevaban todos los días cestas de pescado al mercado de Irun.

A un "gracioso" de entre los albañiles, se le ocurrió arrojarles desde arriba un poco de cemento blanco, muy líquido, a los pies: las pescadoras, furiosas, arremetieron escaleras arriba lanzando terribles alaridos, maldiciones y amenazas hasta el punto de que los albañiles, grandes y fuertes hombretones todos ellos, corrieron a refugiarse en el desván, quitando la escalera de acceso. Tuvieron que esperar acurrucados largo rato a que se fueran las mujeres. El encargado quiso arrojar al culpable por la ventana y tuvo que ser sujetado por los demás.

Como chico inquieto y nervioso que era, me afanaba corriendo sin mucho cuidado a través de las obras hasta que un día que me hallaba sobre los tablones un dolor lacerante me hizo desplomarme: había pisado un listón con un largo clavo que me atravesó el pie de parte a parte. Todos acudieron a mis chillidos. Un albañil apodado "Gaztañipurdi" reaccionó rápidamente:

- *Kontzue hemen, eztaila mugittu, nik sendatuko dit!*[β]

Corrió presuroso al bar de enfrente y al rato apareció… ¡con una sartén de aceite hirviendo en la que aún se estaban friendo unos ajos!

Entre espantado y dolorido, pude ver cómo con sumo cuidado vertía unas gotas de aceite hirviendo en ambos orificios, el de entrada y salida del clavo, mientras Antton Mari y otros compañeros me sujetaban. Ante la incredulidad de todos la cura surtió efecto y después de un buen rato, con el pie vendado, me puse a trabajar de nuevo. Construimos también una gran casa en la calle Cipriano Larrañaga, lindante con la actual estación del topo.

En otra ocasión, el eco de los ruidos de la construcción resonaba en el interior de la pequeña iglesia que estábamos levantando en Behobia. Casi finalizada, trabajábamos en la parte alta de uno de los muros. Desde el suelo me disponía a hacer descender el andamio que colgaba de unas poleas. Tiré con todas mis fuerzas de una de las cuerdas y el andamio se desplomó en caída libre hasta el suelo, disparándome como un cohete hacia el techo, hasta que me detuve bruscamente con una mano dolorosamente atrapada por la polea, allá en lo alto. Alertado por el estruendo de la caída del andamio, atta observó atónito que yo estaba colgado de la cuerda a gran altura, y retorciéndome de dolor. Corrió sorteando tablas y obstáculos, con su rostro desencajado de miedo.

- *Etzakala soltatu soka, hartzak fuerte, heldu niok!!!*[4]

Alcanzó la cuerda y la bajó poco a poco mientras yo procuraba destrabar la mano de la polea, desciendo al suelo. Pasado el peligro, examinamos mi mano que sorprendentemente estaba casi intacta. Tan sólo tenía algunos cortes y empezaba a hincharse, pero no tenía ningún hueso roto. Atta me riñó fuertemente por descuidado, pero yo, con el miedo todavía en el cuerpo, veía que estaba aliviado.

Posteriormente Antton Mari se atrevió con el frontón Uranzu de Irun, donde tuvo una fuerte oposición por parte de varios concejales que no querían concederle la obra, a pesar de ser la mejor oferta, ya que en su opinión Antton Mari no era sino un "napar zikin bat, goseak hila". Había una pequeña discriminación, pero era más por intereses laborales y económicos que por otra cosa.

A pesar de todo, Antton Mari consiguió la obra que tuvo gran trascendencia pero que ofrecía grandes dificultades, pues el terreno era muy pantanoso. Padre e hijo tuvimos que quedarnos entre semana en Irun en una pensión del paseo Colón. Todas las mañanas Antton Mari me despertaba a las cuatro de la madrugada y entre los dos poníamos en marcha unas bombas para achicar el agua que se acumulaba por la noche a fin de que el resto de los obreros pudiese empezar a trabajar a las ocho en punto.

Realizamos el terraplén y los muros, las escaleras, el túnel por el que sube la avenida Navarra hasta el paseo Colón, obra que abandonó otro constructor que no supo cómo acometer, ya que continuamente había desprendimientos de tierra. A Antón Mari se le ocurrió traer de Belate largos troncos de haya que clavaron fila tras fila en los laterales de la carretera, hasta hacer el terreno estable, y poder culminar la obra. Y así ha permanecido hasta el día de hoy, inamovible.

Joxe Iturria

Muchas casas de Irun y Hondarribia se levantaron merced al esfuerzo, pericia y tenacidad de los Iturria. Nos contrataron para construir el mercado de abastos justo en el centro de lo que hoy es la plaza de San Juan. Tuvimos que traer el cemento de una fábrica nueva de Zumaia. Resultó un rotundo fracaso porque el cemento no se endurecía y, en consecuencia, las paredes y el piso se desplomaban. La fábrica pagó religiosamente a Antton Mari todas las costas, incluyendo los nuevos envíos de cemento y los salarios de los obreros, todo.

Después de trabajar de albañil en las obras, asistía a clases de dibujo, interpretación de planos y topografía junto con otros jóvenes de la comarca, a fin de ayudar a atta, que carecía de estudios. Además, siendo todavía un crío, me encargaba los fines de semana de hacer las cuentas, calcular los salarios y preparar las pagas:

- *Sehizak Sunbillara, hago sekretaiuakin, ta galdeziok ia guretzak lanik otedun*[5].

Así confiaba Antón Mari en mí que con diecisiete años procuraba conseguir contratos y realizaba otras tareas propias de una persona con muchos más años y mayor experiencia. En ese caso concreto entró a concurso la construcción de la casa del médico, que conseguimos en subasta pública.

El medio de transporte en aquel entonces era la bicicleta. Es de pensar la cantidad de kilómetros que recorríamos todos los días los trabajadores hasta llegar a las obras para después ponernos a trabajar duro y, al terminar la jornada de ocho horas, volver a montar en la bici y recorrer el camino de vuelta a casa, hiciese el tiempo que hiciese.

En otra obra, en Mugaire, me despisté de mis compañeros después del trabajo para ir a acompañar a una chica a un caserío cercano. Estaría yo muy distraído, pues algún compañero me robó la bici y tuve que recorrer andando el camino hasta Doneztebe, donde cogí el autobús para volver a Lesaka.

Al día siguiente la bicicleta estaba en la obra: yo era el hijo del patrón.

Para poder hacer frente a las obras de Irun Antton Mari decidió comprar uno de los primeros camiones de la comarca. Muy orgulloso, lo condujo a casa pero destrozó con él la puerta del garaje y a duras penas lo pudo detener al llegar al fondo, casi entre las vacas. A partir de entonces decidió no tocar más el camión. Y, con diecisiete años y sin carné de conducir, me encargó a mí conducirlo.

Muchas mañanas recogía al attautxi Juan Joxe, que alternaba temporadas viviendo en Irun, en casa de su hijo Ceferino, y lo paseaba de trabajo en trabajo. Nos queríamos mucho. Al terminar la jornada me invitaba a comer un bocadillo, generalmente de sardinas, y a beber de un porrón de vino en el célebre bar Agrícola, que entonces estaba en la plaza Urdanibia, regentado por los hermanos Goiburu, personajes muy populares e ingeniosos de Irun que además eran cantantes y bertsolaris. Allí nos juntábamos muchos trabajadores a ciertas horas, entre ellos Antton Mari, al que abuelo y nieto veíamos hablar, reír y discutir con sus amigos, hasta que se marchaban con las caras saludablemente enrojecidas, los pasos vacilantes y muy contentos.

El camión supuso más ingresos ya que, además del trabajo de obra, realizábamos otros servicios como por ejemplo acarrear tierra para la obra de la carretera entre Irun y Hondarribia. También por aquella época se construyó la carretera que lleva a la ermita de San Marcial.

Muchas mañanas acudía antes de amanecer con mi camión a las puertas del ayuntamiento. Allí se reunía diariamente un grupo de obreros esperando que les tocase en suerte ser elegido para trabajar en la carretera. Sorprendido, observaba cómo algunos trabajadores llegaban en taxi desde Donostia y Pasaia. Salía luego el encargado, un hombre serio con un poblado bigote, y los obreros le rodeaban. Sin ceremonias, empezaba a elegir:

- *Tú, tú y tú, al camión. Tú también, y tú, venga, subir rápido.*

Cuando el camión se llenaba, subía a la obra mientras los restantes obreros se alejaban caminando tristes y silenciosos, pues aquel día no ganarían las seis pesetas que se les pagaban por trabajar duramente a pico y pala durante toda la jornada.

Joxe Iturria

En una ocasión volvía de Bilbao cargado de vigas de hierro, encargo de un herrero de Hondarribia, Félix Pérez Ezenarro, un hombre grande, el cual me acompañaba en el camión. Subiendo el puerto entre Elorrio y Elgeta se nos soltó la carga y, trabajosamente, maniobrando, conseguimos dar la vuelta en la misma carretera y, marcha atrás, empujando las vigas contra el monte las pudimos poner en la buena posición. Las volvimos a subir al camión y Félix las ató fuertemente.

Reanudamos la marcha y, bajando otro puerto hacia Bergara, puse involuntariamente la palanca de cambios en punto muerto y el camión se lanzó cuesta abajo como una exhalación por la estrecha carretera. Félix iba dormido pero despertó cuando, presa del pánico, di un gran grito. Agarramos los dos la palanca de freno de mano y, al borde del desastre, conseguimos frenarlo hasta meter otra vez la segunda marcha. Descargamos el camión en la papelera de Amezketa y volvimos sin más incidentes a casa.

Fruto de una gran seriedad y sacrificio, con los hijos mayores, Xalbador y yo, trabajando con atta y los menores, Modexto, Aguxtin, Karmen y Felipe, en la escuela y ayudando a ama en los trabajos de la casa, la familia prosperó.

A los dieciocho años me propuse sacar el carné de conducir. Hablé con el conductor del único autobús de la zona:

- *Guazen, eraunendik Berako fabrikara. Han baduk injeniero bat, eta harek emanendik karneta*[6].

Dicho y hecho, nos presentamos ante el ingeniero de la fábrica Fundiciones de Bera, única de la zona:

- *¿Pero éste ya sabe conducir?*
- *Ya lo creo, acaba de traer el autobús de Pamplona él solo* (mentira, claro).

Y de esa manera, con una carta firmada por el ingeniero de una fábrica, fui a Iruñea y me dieron el carné sin más. Tiempos aquellos.

En el año 1933, año de elecciones, se celebraban por doquier conferencias de los diferentes partidos políticos, y una de ellas se celebró en Irun. Era el de la Comunión

Joxe Iturria

Tradicionalista Carlista, de derechas. Yo era un joven sin ideas políticas, pero me fascinaban mucho los oradores en lengua castellana.
Asistí a él. Recuerdo que la oradora era una tal Urraca Pastor. Hacia el final del mitin sonaron dentro unos disparos y la gente empezó a chillar. Salimos todos en desbandada a la calle donde nos topamos con los guardias de asalto que habían formado frente a la única puerta y golpeaban sin piedad con sus largas porras a todo el que salía de allí.

Me dieron de lo lindo en la espalda, a pesar de que corría con todas mis fuerzas.

Llegué a la pensión en la que estábamos alojados atta y yo y Antton Mari me riñó fuertemente mientras frotaba mi dolorida espalda con ¡alcohol!... que naturalmente me producía un dolor espantoso en las heridas.

- *Hago geldirik! Aski iuken ez iuatia! Zertako sartzen iaiz holako saltsetan?*
- *Eman ditek ederrak, eh? Ikasko duk uhain politika utzi, ta lanin aritzia!*

Sobre los guardias de asalto había entonces una canción, que se decía que la cantaban ellos:

Mamá yo quiero ser guardia de asalto,
No quiero trabajar porque me canso.
Cuarenta duros dan y una pistola,
Y una verga ¡zas! que estira y ¡toma!...

Eran tiempos muy convulsos, se repartían revistas de todos los colores y por la calle también folletos de diferentes partidos. Recogí un folleto que en la portada, en grandes letras, ponía: *¡Cuidado, que por aquí anda Choperena!* El tal Choperena, apodado *Leuntto* por haber nacido en la casa Leontenea de Lesaka, tenía fama de sanguinario pistolero al servicio de la derecha, y todos le temían. Yo, como todo el pueblo, le conocía, y me chocó que saliese su nombre así en una revista. La pasión por la política alcanzaba en ocasiones extremos verdaderamente fanáticos que finalmente desencadenarían la guerra. Había encontronazos y palizas de unos contra otros.

Trabajando diariamente, incluidos los sábados y los domingos por la mañana, y divirtiéndome cuando podía, bebiendo, cantando y cortejando a las chicas, pasaron los años para mí, hasta que con veintidós, en enero de 1936, asistí a una Pregoi Afaria celebrada en el caserío Pilotegi, situado justo encima de Ontsalea. Se casaban Batixta Irazoki, llamado "Batixta Praile", con María Maia, la mayor de las seis hijas del caserío. La fiesta de Pregoi Afaria solía ser todo un acontecimiento ya que se invitaba a vecinos y a amigos y se juntaba un auténtico gentío, mientras que a la boda asistían los familiares y los más allegados. Ésta fue una fiesta de órdago, reuniendo a mucha gente joven de todo el pueblo, con música de acordeón y abundante comida y bebida. Pusieron prácticamente el caserío patas arriba con las risas, gritos, carreras, bromas y astokariyas.

Al día siguiente me encontraba muy mal, con una altísima fiebre hasta el punto de que el entonces médico Teodoro Huarte temió que se tratara del fatal tifus. Y es que otro joven del pueblo de mi misma edad había enfermado al mismo tiempo que yo y había muerto rápidamente.

Naturalmente se produjo una gran alarma en Ontsalea, con el primogénito de la familia en peligro de muerte: procuraban reducirme la fiebre introduciéndome todas las tardes en una bañera de agua templada y añadiendo poco a poco agua fría a los pies, hasta enfriar el agua. Salía de esos baños totalmente inconsciente pero el ritual se repetía diariamente. Aquello duró treinta días con sus treinta noches de altísima fiebre. Y así, gracias a los cuidados de toda la familia (el médico recomendó que comiera pescado y allá iba Modexto a pescar truchas para mí; ama pasó las noches durmiendo en una silla en la cabecera de mi cama), poco a poco, muy lentamente, me recuperé.

La Guerra de 1936

El primero de julio de aquel mismo año de 1936 me llamaron para cumplir con el servicio militar y, después de una corta instrucción en Irun, pagué cien duros como hacían los "señoritos" de entonces y pude elegir destino. El más cercano era el de los cuarteles de Loiola, en Donostia, de modo que allí fui.

Estaba por las mañanas en el cuartel trabajando de albañil y haciendo la instrucción y por las tardes iba a Irun a trabajar en las obras con atta.

Un cierto día me fijé en un pequeño camión alemán de la Primera Guerra Mundial marca Faun que nadie quería. Para arrancar el motor había que girar dificultosamente una manivela en el frontal. Me empeñé y, con habilidad, conseguí arrancarlo para asombro de todos:

- *Napar ttiki alu horrek arrankatu dik! Berak bakarrik!*[8]

Desde entonces fui el chófer de aquel curioso camión que tenía las ruedas macizas, freno sólo a las ruedas traseras, enorme volante de madera y que estaba equipado con una cisterna para transportar agua. Todas las mañanas llenaba el depósito en la regata de Igara con una bomba manual y llevaba el agua al hospital militar, que entonces estaba en Aiete.

Camión cisterna Faun. Modelo de 1918. Foto, Iturria familia.

Me disponía cierto día a arrancar el camión cuando se me acercó un soldado alto y bien parecido, un auténtico "dandy", y me dijo:

- *Iturria, me tienes que coger de ayudante en el camión, así yo me libro de las guardias y tú no tienes que trabajar tanto llenando y vaciando el depósito.*

Joxe Iturria

- *Bueno, le pediremos permiso al sargento.*

Convencimos al sargento y empezamos los dos a trabajar juntos.

Era un chico de allí, de Donostia, Olegario Iturralde, hijo único, al que mimaban su madre viuda y una tía de modo que cuando aparecíamos por su casa nos daban unos almuerzos de órdago.

Siendo los dos jóvenes soldados de veintidós años, era inevitable que aprovechásemos las salidas diarias del cuartel para nuestras correrías en busca de chicas y diversión.

Donostia entonces era muchísimo más pequeña y rural que ahora, pero ahí estaban las playas, el puerto y la parte vieja. En pleno estío se llenaba de "veraneantes" de clase alta. Se mezclaban los cochazos con chófer con carros de caballos, chicos y chicas elegantísimos, criados y criadas, niñeras, soldados de permiso, y la gente llenaba el Boulevard de bullicio y colorido. Para un joven lleno de ilusiones y ganas de vivir, aquello era una maravilla.

Íbamos con nuestros compañeros a la playa, llegando a hacer a nado la travesía de la playa de la Concha a la isla de Santa Clara.

Un día nos corrimos una gran juerga y no aparecimos por el cuartel en tres días. Después de una bronca monumental y terribles amenazas, nos raparon el pelo al cero y nos metieron en el calabozo por tiempo indefinido. Con lo que nadie contaba era que el único que podía arrancar y conducir el dichoso camión cisterna era el "napar ttikiya" de modo que, a regañadientes, me tuvieron que sacar del calabozo enseguida. Olegario siguió allí.

Entré en el cuartel el primero de julio y el 18 estalló el trágico "alzamiento nacional", el golpe de estado contra la República que provocó la cruel guerra de 1936.

La guarnición militar del cuartel de Loiola estaba formada por dos regimientos, el tercer regimiento de artillería pesada y el tercer regimiento de zapadores. El gobernador militar de la provincia, el coronel León Carrasco, ordenó a los oficiales del cuartel que se mantuviesen fieles a la República. No obstante, después de que una columna de hombres partiera del cuartel para procurar sofocar el alzamiento de la guarnición militar de Gasteiz, el comandante José Vallespín, en contacto con el general Emilio Mola, ordenó que ocupáramos Donostia el 21 de julio.

Aquella mañana de julio nos despertaron los sargentos a gritos, dándonos órdenes de forma furibunda. Nos armaron hasta los dientes y, montados en camiones nos repartieron por la ciudad. Tomamos posiciones en el Boulevard, en el edificio del gobierno civil, en el hotel María Cristina y en los puntos estratégicos de Donostia.

Yo permanecí en el cuartel y el 24 de julio las milicias republicanas lo cercaron. Los sargentos nos encerraron en nuestros barracones y los mandos, dentro del cuartel, empezaron a parlamentar primero, luego a discutir airadamente y, finalmente, a matarse entre ellos. Esto duró cerca de una semana. Por las noches se oían los disparos y por las mañanas los soldados, confinados en los barracones, incrédulos y temerosos, observábamos cómo sacaban los cuerpos de los oficiales al patio.

Cuarteles de Loiola en Donostia. Foto, Iturria familia.

Mientras tanto, las milicias compuestas por civiles armados, empezaron a acercarse por los campos de alrededor disparando y asediaron el cuartel. Los soldados se defendieron disparando desde las ventanas y mataron a uno que se acercó demasiado. Durante varios días se divirtieron probando su puntería sobre el cadáver. El pobre miliciano desconocido fue acribillado. Yo también habría disparado al cadáver, pues unos días antes, en un ejercicio de tiro rutinario, había quedado primero del cuartel y me iban a mandar a Madrid a un concurso de tiro.

Agotados los víveres y aislados del exterior, tuvimos que sacrificar y comernos las mulas que había en el cuartel. El día 28 el coronel Carrasco entregó el cuartel a los sublevados. Poco después fue asesinado. Los mandos que quedaban sacaron banderas blancas y negociaron la rendición en el puente de acceso al cuartel sobre el río Urumea con los milicianos que nos desarmaron, nos quitaron los uniformes y nos dejaron libres.

Dinamitado el puente de Endarlatsa sobre el Bidasoa, el frente cerraba el paso entre Gipuzkoa y Nafarroa y ambos bandos luchaban por los montes de Irun y Oihartzun. De este modo, sin posibilidad de volver a casa, deambulaba yo con dos amigos beratarras, Inaxio Iraizoz y un tal Gamindez, hijo de un guardia civil, por una Donostia caótica, revuelta y peligrosa, llena de alterados y apasionados grupos de milicianos.

- *¡Alto! ¡Estos son fascistas de Bera! ¡A fusilarlos!*

Un grupo de milicianos armados que reconoció a los dos beratarras nos abordó por detrás y nos llevaron a todos detenidos a un edificio, sin hacer caso de mis protestas, ya que yo insistía que no era de Bera.

Mientras esperábamos, reconocí a un famoso periodista abertzale de Lesaka, Pepe Lekaroz, director de la revista Euskadi que estaba allí como delegado de gobierno vasco y corrí hacia él diciéndole quién era:

- *Biño, ze arraio ari iaiz hemen?*
- *Soldado nioken, Loiolan, bi beratar hokin, eta uhain fusilatu ehimar gattuztela errattin tek*[9].

Resulta que era amigo de atta e inmediatamente dictó las ordenes precisas para que nos pusieran en libertad, y salimos a la calle aliviados. Pero los milicianos que nos habían apresado no querían soltar su presa, nos siguieron por detrás y nos llevaron otra vez adentro.

Tuve la oportunidad de acercarme de nuevo a Lekaroz y éste, viendo que la cosa iba en serio, llamó un coche oficial, me metió en él y me mandó de nuevo al cuartel de Loiola, mientras que a los dos beratarras los mandó a la cárcel de Irun para que no los fusilasen. Pasada la guerra, me volví a encontrar con mi salvador en bien distintas condiciones. Supe que lo había capturado la Gestapo y que, entregado a las autoridades españolas, lo habían condenado a muerte. Posteriormente le conmutaron la pena por la de cadena perpetua. Cuando lo encontré en Behobia formaba parte de un batallón de presos trabajadores. Vestido con harapos, famélico, sucio y demacrado, pero vivo, lo llamé, entablamos una brevísima conversación y le di todo el dinero que llevaba encima en aquel momento.

Durango y Gernika

El cuartel de Loiola volvía a funcionar a las órdenes de los mandos que habían sobrevivido a los incidentes que tuvieron lugar tras la insurrección. Había allí unos coches militares americanos enormes, marca Cadillac, con uno de los cuales me pusieron a transportar tropas y munición al Fuerte de San Marcos y al monte Urgull, en el que había una batería de cañones para defender Donostia. Mientras los buques franquistas apostados frente a la ciudad se dedicaban a cañonear la costa, me ordenaron transportar la munición cuesta arriba a través de monte Urgull.

Aquello era demasiado riesgo para mí, y rápidamente me las arreglé para volver a hacerme cargo de mi querido camión cisterna. No era un héroe, sólo un joven de veintidós años apartado a la fuerza de su familia, sin saber nada de ellos, que intentaba sobrevivir a toda costa.

Con el empuje de las tropas franquistas, que habían tomado Irun y avanzaban rápidamente, las tropas republicanas fueron retrocediendo. La gente abandonaba pueblos, tiendas, casas, negocios, por todo Gipuzkoa. Yo estuve siempre en retaguardia, con mi camión, abasteciendo de agua a las cocinas de campaña, un oasis en aquel caos repleto de matanzas y dramas de guerra.

Irun fue destruida por los milicianos republicanos antes de ser abandonada, un auténtico río de gente atravesó el puente de Santiago dejándolo todo, casas, terrenos, negocios y barcos y llevando consigo sólo lo poco que podían transportar a cuestas o en carros, huyendo de las tropas franquistas, buscando refugio en Iparralde.

Por cosa del azar el attautxi Juan Joxe se quedó solo y abandonado en Irun, en casa de su hijo Ceferino y, cuando fueron a quemar la casa y el almacén, salió al balcón vociferando, y evitó de este modo que la destruyeran.

Los pocos que se quedaron sufrieron el asedio y las tropelías de los soldados enardecidos con las victorias, que saqueaban todo lo que pillaban a su paso. Quién sabe qué barbaridades más hicieron en nombre de la España de Franco y de la Iglesia.

Gentes afines a los golpistas coparon arbitrariamente los cargos públicos y se hicieron con los negocios más prósperos. Llevados por el odio y, en ocasiones, también el interés personal, elaboraron listas de "rojos" denunciando a sus propios vecinos que quedaban marcados como "no adeptos". Muchos de éstos acusados serían posteriormente internados en cárceles, fusilados en el paredón o simplemente eliminados de un tiro en la cabeza en una cuneta, para después apropiarse de sus tierras, negocios y otros bienes.

Esto pasa en todas las guerras. La desintegración de las estructuras sociales (no sólo los servicios, la policía, las leyes, la administración o el comercio, sino también las costumbres como la solidaridad, el respeto mutuo y la tolerancia) deja paso al caos y a la injusticia, y hace aflorar salvajes instintos de ambición, egoísmo y destrucción en personas que antes se habían mostrado tolerantes, amistosas y respetables.

Las cosas no marchaban bien tampoco en Ontsalea. A la total ignorancia sobre mi paradero, se unió la pérdida de todas las herramientas y enseres del negocio, incluido el camión, que quedó en Irun, al otro lado del frente.

Además, aunque Nafarroa no era territorio hostil, ya que sus dirigentes se unieron desde el principio al golpe, al estar el frente tan cerca, se habilitaron cuarteles en las ventas de Igantzi y en la llamada "Fonda Jaleo", en el camino hacia Agiña. Lesaka y los pueblos de la comarca se llenaron de soldados que, aunque no se dedicaron ostensiblemente al pillaje, sí que campaban a sus anchas y "requisaban" los bienes y comida que consideraban que les hacía falta, sin posibilidad de réplica o protesta.

Y, naturalmente, también en la zona de Bortziriak actuaron los delatores, elaborando listas de "rojos" con la consiguiente cuota de detenidos, interrogados, encarcelados y fusilados. En Lesaka hubo una treintena de detenidos, entre ellos el alcalde Martin Elizalde. En general, todos los que habían sobresalido un poco políticamente fueron delatados a la guardia civil o a los militares, encarcelados y preparados para ser fusilados de inmediato.

Sin embargo, había un cura en el pueblo, Felix Etxeberri, que se presentó ante el coronel Alfonso Beorlegi, que estaba al mando de las tropas a su paso por estas tierras, y le dijo:

- *Máteme usted a mí, si hay que matar a alguien, pero no mate a nadie de este pueblo.*

Tal era el poder de la Iglesia en aquel tiempo, sobre todo entre los militares sublevados, que no los fusilaron pero los apresaron y los trasladaron al fuerte de San Cristóbal, cerca de Iruñea.

Sin embargo, los lesakarras que los habían delatado los querían ver muertos a toda costa, y dos de ellos fueron al gobierno militar en Iruñea con la lista, pidiendo que fueran fusilados. El militar responsable que les recibió, seguramente asqueado de ésta y otras muchas barbaridades, pidió a su subalterno dos fusiles con munición abundante:

- *Aquí tienen las armas, cojan un coche y vayan ustedes mismos a fusilarlos.*
- *No, no, nosotros no podemos matarlos, los tienen que matar ustedes.*
- *¿No dicen que tienen que ser fusilados? Pues mátenlos ustedes mismos si tienen tantas ganas, que aquí estamos muy ocupados.*

Estos miserables volvieron a Lesaka frustrados, pues no habían tenido el "valor" necesario para matar a sus propios vecinos, con los que habían convivido y trabajado pacíficamente hasta que llegó la guerra. Por el contrario, otro sacerdote se presentó en San Cristóbal, consiguió sacar a todos los presos de la zona y los condujo hasta la frontera francesa.

Para colmo de males, de Ontsalea reclutaron a los otros tres hijos mayores, Xalbador, Aguxtin y Modexto para luchar en el frente con los sublevados, con lo que tres hermanos estaban en el bando rebelde y yo en el "gubernamental".

En el caserío quedaron los dos gemelos, Felipe y Carmen, de catorce años.

El miedo y la angustia debieron ser terribles para los padres, de modo que la formidable salud y fortaleza de Antton Mari empezó a quebrarse, mientras los niños seguían con sus juegos "inocentes":

- *Guazen mendira, hillak ikustera!*[10]

Felipe, a los catorce años, con pantalones cortos, junto a otros chicos de su edad, cogía la bicicleta e iba a ver cómo traían del frente a los muertos en carretas y los enterraban.

Uno de los muertos lesakarras en el frente fue Periko Igoa, de veintidós años, del caserío Laxtol, lindante a Ontsalea. Después del entierro, estando reunidas varias mujeres en la plaza comentando los tristes sucesos, se les acercó un cura, conocido en el pueblo como "zerri yale" por su afición al buen comer y les dijo:

- *Ez aputu, guerran hiltzen direnak denak zerura yuanen dire*[11].

Vivamente le respondió Barbara Igoa, mujer decidida, que se encargaba entonces de asistir a los enfermos, a las parturientas y a preparar a los muertos para los entierros y a otras muchas actividades desinteresadas:

- *Zertako ez yaiz hi yuaten ordun gerrara? Ez duk zerura yuateko gogua? Guaye, guaye hi gerrara!*[12]

El sacerdote se alejó sin decir palabra.

La retaguardia republicana se concentró en Durango, donde el estado mayor decidió establecer un campamento.

Yo seguía con mi camión cisterna, abasteciendo de agua a las cocinas. Requisaban sin miramientos en los caseríos de la zona los víveres y comida que necesitaban, dejando más pobres todavía a los que a duras penas podían hacer frente a los rigores de la guerra. Cada día a la hora del rancho un grupo de refugiados -mujeres, niños y ancianos- se arrimaba a los soldados y pedía algo de comer. Me afectaba sobre todo ver a los niños que me recordaban a mis hermanos menores. Siempre les daba algo de mi comida.

Joxe Iturria

El 25 de septiembre de 1936 las alarmas rompieron la rutina del cuartel a las afueras de Durango, movilizando a los soldados. A mí me ordenaron coger un camión y, cargado de soldados, me adentré en el casco urbano. Allí, en el frontón Ezkurdi, encontré un espectáculo dantesco. Unas bombas lanzadas por los aviones rebeldes habían matado a numerosas personas y herido a muchas más, la mayor parte de ellos —si no todos- civiles. Una auténtica masacre de gente inocente. Observé que una de las bombas había atravesado la pared del frontón limpiamente, sin explotar. Nos dispusimos a ayudar en lo que pudimos.

A mí se me encomendó la tarea de transportar los cuerpos de las víctimas mortales que habían sido colocados en el frontón para su identificación hasta el cementerio. Realicé al menos tres viajes del frontón al cementerio, transportando unos diez o doce cuerpos por viaje. 'Hala, hala, sigue, sigue', me ordenaban. No tuve que cargar ni descargar los cuerpos que colocaron en el cementerio para ser enterrados pero fue una penosa tarea cargar los muertos de todo tipo y edad en mi camión para trasladarlos al cementerio entre los gritos y el duelo de sus familiares y amigos. Tuve que seguir viviendo atormentado por el recuerdo de la destrucción, de los supervivientes vagando entre las ruinas con la incredulidad, el horror y la angustia reflejada en sus rostros, cubiertos de polvo y de sangre, buscando a sus allegados. Más tarde tuve que limpiar la sangre de la parte trasera del camión. Estas imágenes me impidieron conciliar el sueño durante muchos días.

La violencia engendra violencia e, inmediatamente, los milicianos sacaron de la cárcel de Durango a una veintena de presos que habían sido delatados por sus propios vecinos y acaso familiares, y los trasladaron caminando, atravesando el pueblo en un trágico y penoso paseo, hasta el cementerio donde les hicieron cavar una fosa. El grupo fue rezando bajo las miradas de sus vecinos y familiares, y luego los fusilaron. Los disparos se oyeron en Durango.

¿Pueden olvidar estas cosas los que las presencian?

Durante el invierno de 1936 a 1937 el frente estaba momentáneamente detenido y en calma. Recuerdo que un día estaba yo jugando a las cartas con otros soldados cuando de repente irrumpió entre nosotros un soldado enemigo. Había cruzado nuestras líneas tan borracho y desorientado que, al confundirnos con sus compañeros, empezó a vociferar:

- *¡Viva Cristo Rey! ¡Viva la falange!*

Nos quedamos boquiabiertos pero los que tenían armas reaccionaron rápidamente y, antes de que terminase de gritar, lo acribillaron a balazos allí mismo. Curiosos, examinamos el cadáver y vimos que lucía en su uniforme muchas medallas militares y que de su cuello colgaban varios escapularios y crucifijos.

Pero incluso en las situaciones más penosas, o quizás debido a ellas, procurábamos divertirnos y pasar esos tristes días lo mejor que podíamos. El frente se estabilizó en los alrededores de Durango durante los meses de invierno y los soldados de retaguardia como yo frecuentábamos el pueblo y confraternizábamos con los vecinos, sobre todo con las chicas jóvenes. Una de éstas, una preciosa rubia llamada Mª Angeles Larrinaga, empezó a salir conmigo bastante en serio, y hasta me invitaba a su casa, donde me agasajaban con lo poco que tenían, pues el hambre y la miseria eran una constante en aquellos días.

La vida fue agradable pese a las circunstancias durante aquel invierno, hasta el 31 de marzo de 1937 por la mañana. Aquel día vi a los aviones acercarse, bombarderos trimotores que descargaron sus bombas sobre la localidad acompañados de cazas biplanos, que se dedicaron a ametrallar a los supervivientes que huían aterrorizados del casco urbano. Decidí buscar refugio en una huerta, y me tumbé solo, boca arriba, a fin de evitar el ataque de los cazas. Sabía por experiencia que los cazas ametrallaban a todo lo que se movía, o a las personas que se tumbaban boca abajo, procurando proteger la cara.

Allí permanecí durante todo el tiempo que duró el bombardeo. Al término del ataque acudí al centro urbano. Los aviones habían bombardeado la iglesia mayor y el convento de Santa Susana. Fui a ver las ruinas de la iglesia, aún en llamas. Se oían los gritos de dolor y de auxilio de los supervivientes.

Ruinas de Durango tras los bombardeos del 31 de marzo y primeros días de abril de 1937. Foto, William Smallwood archive.

Por la tarde de aquel mismo día volvieron los aviones y se concentraron en bombardear y ametrallar a los supervivientes que ayudaban a rescatar e identificar a las víctimas del bombardeo de la mañana entre los escombros de Durango. El bombardeo se repitió el día 2 de abril. Y, de nuevo, el día 4 de abril.

El de Durango fue el primer bombardeo de la campaña de primavera en Euskadi. Setenta casas fueron totalmente destruidas y cerca de doscientas sufrieron numerosos daños. Fue una masacre monstruosa: produjo alrededor de 340 víctimas mortales, y muchísimos heridos. Lamentablemente es muy difícil estimar el número total de víctimas, y no todos los cadáveres pudieron ser identificados. La casa de Mª Angeles fue arrasada hasta los cimientos. Y aunque procuré por todos los medios dar con ella, nunca la volví a ver, ni a ella ni a ninguno de sus familiares. Nunca pude saber si sobrevivieron.

Al terminar aquellos penosos trabajos de desescombro las tropas del gobierno vasco junto con muchísimos refugiados iniciamos una penosa y desordenada retirada hasta… ¡Gernika!, donde otra vez fuimos víctimas de los bombardeos indiscriminados de la aviación alemana al servicio de Franco. Bombardearon Gernika porque el mando alemán estaba entrenando a sus pilotos y ensayando la capacidad de sus modernos aviones y el efecto de sus potentes bombas para la "próxima guerra". Tomaron fríamente como cobayas a los habitantes y refugiados de Gernika, una población compuesta en su mayor parte por civiles y totalmente indefensa, pues carecía por completo de armamento antiaéreo o de artillería. Y llevaron a cabo sin escrúpulos su experimento de guerra.

El 26 de abril llegué a Gernika desde Durango con el camión por la mañana. Era día de mercado y había mucha gente en la villa. Aparqué cerca de la estación de tren. Allí estaba cuando comenzó el bombardeo.

En Gernika, como en casi todos los pueblos de la zona, había un vigía situado en uno de los montes cercanos de modo que, en cuanto se divisaron los primeros aviones comenzaron a sonar las campanas de la iglesia de Andra Mari. La mayor parte de la gente se resguardó en los refugios que había construido el ayuntamiento, mientras muchos otros habitantes y refugiados procuraban huir a los montes cercanos siendo ametrallados indiscriminadamente por los cazas. Dio la casualidad de que sin saberlo yo Periko, primo mío, de diez años entonces, criado en Ontsalea, se encontraba también en Gernika. Fue uno de los que se refugió en los montes cercanos –posiblemente en Burgogana- y vio cómo pasaban los tremendos aviones sobre su cabeza y soltaban aquellas terribles bombas. Posteriormente, junto con otros muchos niños, fue trasladado a Bilbao y embarcado en un buque mercante que recaló en Francia, desde donde regresó tiempo después, como muchos otros refugiados, al que había sido su hogar.

Yo tenía mucha experiencia pues había sido ametrallado en numerosas ocasiones por los cazas en mis desplazamientos a lo largo de las carreteras del frente, hasta el punto de que en una ocasión una bala entró por la ventanilla del camión desde arriba y atravesó el asiento a pocos centímetros de donde yo me hallaba sentado. De este modo, cuando sonaron las campanas, salté rápidamente del camión y encontré inmediatamente refugio en una gran acequia junto con otros soldados, en algún lugar de las inmediaciones de la estación de tren, cerca de la zona industrial de la localidad.

Se podía ver a los pilotos de los cazas de lo bajo que volaban. Ametrallaban a la gente, tanto dentro de Gernika como en las afueras de la villa. Pude ver nuevos tipos de aviones, más estilizados que los pesados Junker, a los que llamábamos "tranvías".

Cuando después de más de tres largas horas terminaron de caer las bombas, salí y vi que el cielo cubierto de nubes estaba oscurecido por el humo y enrojecido a causa de los incendios que devoraban la villa. El calor era muy intenso.

Fui a la plaza de El Ferial. Allí pude ver un inmenso cráter probablemente provocado por una bomba de 250 kilos. Había cuerpos destrozados por todas partes, restos humanos mezclados con restos de animales, como las mulas de carga del mercado, destripadas. Traté de internarme entre las casas, pero era tan tremenda la destrucción y tan intenso el calor que provocaban los focos de fuego, que parecía imposible acercarse siquiera.

Plaza del Ferial de Gernika tras el bombardeo. Foto, William Smallwood archive.

Todo estaba ardiendo y el calor era insoportable. Aquello era un infierno. La destrucción de la villa foral fue total. Las bombas de 250 kilos y las incendiarias destruyeron por completo el casco urbano, donde apenas quedó una sola casa en pie. Todo ardía a nuestro alrededor. En el refugio de Andra Mari murieron unas 500 personas. Miles y miles de personas perdieron la vida aquel día en Gernika pero la fábrica de armas en la que se producían las famosas pistolas Astra no fue tocada por las bombas. Durante uno de aquellos bombardeos era más seguro buscar refugio en una fábrica de armas que en un hospital.

Joxe Iturria

Ruinas de Gernika tras el bombardeo del 26 de abril de 1937.
Foto, William Smallwood archive.

Entonces, un sargento, histérico y blandiendo una pistola en la mano saltó al estribo de mi camión repleto de munición y me gritó que atravesase el pueblo en dirección a Zornotza. Era una locura, pero sabía que aquel hombre era capaz de pegarme un tiro allí mismo, de modo que atravesé el puente de Errenteria, me interné entre las llamas a toda velocidad, saltando sobre los escombros y las vigas encendidas, sorteando como pude los cascotes que caían y los obstáculos que había en mi camino hasta pasar al otro lado. Tan pronto como nos internamos entre llamas el sargento saltó del camión, de modo que tuve que continuar en solitario. Así abandoné Gernika.

Otra vez destrucción y muerte, otra vez retirada y terror ante el avance de las tropas enemigas, huyendo hostigados por los cazas que atacaban de improviso, formando una fila a la que los soldados llamábamos "cadena", ametrallando despiadadamente uno tras otro tanto a los camiones, como a las tropas o a la multitud de civiles que huían, de forma que mis compañeros y yo nos acostumbramos a conducir mirando hacia arriba en lugar de al frente:

Joxe Iturria

- *¡Alerta, que vienen las cadenas!*

Avisaban los soldados, y todos, abandonando nuestras armas y el equipo, corríamos despavoridos huyendo de las balas y de las bombas. Yo me refugiaba siempre bajo el macizo motor de mi camión, ya que en la mayoría de los casos no teníamos tiempo de correr más lejos.

Atravesamos Bilbao, deteniéndonos sólo para saquear las tiendas abandonadas, cogiendo la ropa y los víveres que necesitábamos para sobrevivir, y seguimos retrocediendo camino de Santander.

En el frente de Asturias

En algún lugar cercano a Laredo tuve que abandonar el camión cisterna y pasé a conducir un camión que pertenecía a una compañía de artillería compuesta por cuatro camiones cada uno de los cuales arrastraba un cañón. Aquello era sumamente peligroso ya que íbamos cargados con la munición de modo que podíamos saltar por los aires al menor impacto o golpe. Además, éramos el blanco preferido de los cazas rebeldes.

No obstante, pese al peligro, también tenía su lado positivo, ya que yo siempre tenía un sitio para dormir en la cabina del camión, a resguardo de las inclemencias del tiempo. Veía a los pobres soldados marchar penosamente empapados por la lluvia o la nieve, chapoteando en el barro, muertos de frío y de cansancio… y veía cómo los que podían conciliar el sueño se tumbaban en el suelo, bajo el camión, procurando dar con el foco de calor del motor y con un lugar más o menos seco, protegido de la lluvia.

Memorias de Guerra

Ametrallados constantemente por los cazas, me acostumbré a conducir mirando al cielo en lugar de a la carretera. En la foto, un gudari en uno de los raros momentos de solaz que nos podíamos permitir. Foto, Sanidad Militar en Euzkadi, 1937.

Los artilleros emplazaban los cañones justo detrás del frente y desde ahí bombardeaban las líneas enemigas pero, a su vez, también eran cañoneados. Además, la aviación enemiga rastreaba constantemente nuestra posición para atacarnos y, cuando esto ocurría, teníamos que enganchar apresuradamente los cañones y escapar a toda prisa a otra posición.

Cada cañón era atendido por cinco soldados. Recuerdo cómo un día uno de esos cañones explotó, matando a los cinco soldados que estaban a su cargo. Los cadáveres destripados de estos hombres fueron alineados en el suelo, a la espera de ser enterrados al día siguiente. Pero aquella noche los restantes artilleros, los chóferes y sus ayudantes se corrieron una juerga bebiendo, cantando y bailando al son de un organillo a manivela que alguien había requisado y llevaban en uno de los camiones. La guerra nos había insensibilizado a todos, porque sabíamos que podíamos morir en cualquier momento. Habíamos visto tantos horrores que ya nada nos afectaba fácilmente.

En el frente se combatía con valor y heroísmo, pero cuando alguno flaqueaba se producían desbandadas contagiosas y los soldados, presa del pánico, echaban a correr desesperados sin que nada pudiera detenerlos, ni tan siquiera los gritos y las amenazas de sus superiores. Tan sólo se detenían cuando caían al suelo, exhaustos.

Un día, de madrugada, cuando limpiaba los cristales empañados del camión donde había pasado la noche, y a la escasa luz de un amanecer triste y gris, observé las pequeñas nubes de vapor que emanaban de un grupo de soldados tendidos en el suelo, donde habían dormido bajo una fina y persistente lluvia, apretujados entre sí para darse calor, envueltos en sucias mantas y trapos de toda clase. Surgiendo de la niebla, se acercaron un par de coches repletos de milicianos republicanos. Iba con ellos Dolores Ibarruri, la Pasionaria, una mujer alta, grande y poco atractiva. Unos pocos soldados se levantaron curiosos para ver cómo los recién llegados se subían a uno de los camiones y trataban inútilmente a animar y arengar a las ya derrotadas tropas.

El mitin no despertó ningún entusiasmo. Se empezaron a oír disparos aislados. Los oradores se callaron, incrédulos, al notar el silbido de las balas cerca de sus oídos: sus propios soldados les estaban disparando. Montaron en sus coches y huyeron como alma que lleva el diablo de aquel campo de derrota, miseria y desesperanza.

Al llegar a la villa de Reinosa nos encontramos en un cruce de carreteras en el que había una fábrica de leche condensada en pleno funcionamiento. Algo insólito. Sin perder un instante y sin miramientos, pese a las airadas protestas de los trabajadores, amenazándoles con nuestras armas, arramplamos con cajas y cajas de botes de rica leche condensada, cargándolas en los camiones para beberla por el camino.

Al pasar por caseríos en nuestra continua retirada, los lugareños salían al paso para cambiar lo que cultivaban en sus huertas, habas, alubias, tomate, pan de maíz, y los productos de la ganadería, leche, huevos, queso o lo que fuera, por lo que les pudieran dar los soldados, como alcohol, tabaco, aceite, azúcar o café. El comercio habitual había dejado de existir. Nos sorprendió la gran afición de las mujeres asturianas por el tabaco. Las veíamos fumar frecuentemente y casi todas llevaban colgando de la cintura un pequeño saquito de cuero, donde guardaban el tabaco, el papel para liarlo y la mecha para encenderlo.

Dejamos atrás Villaviciosa y, cerca ya de Gijón, nos sentíamos acorralados e intuíamos que el trágico final de la llamada guerra del norte era inminente. No obstante, yo continué hasta Gijón. Detuve el camión a la entrada de la ciudad y, asustado, presencié un tremendo tiroteo. Se peleaba ferozmente casa a casa, desde las ventanas de arriba y desde los ventanucos de los sótanos los francotiradores, llamados entonces "quintacolumnistas", disparaban a todo lo que se movía.

Entrar allí con el camión equivalía a una muerte segura, así que di media vuelta y me alejé de la ciudad varios kilómetros. Iba conmigo mi ayudante, un chaval de unos diecisiete años, uno de los últimos reclutas, sin mucha experiencia. Yo le dije:

- *Si entramos ahí, nos matan seguro. Vamos a dejar el camión y nos echamos al monte.*
- *¿Cómo vamos a dejar el camión? No, yo sigo, atravesaré Gijón y llegaré al puerto para coger un barco al extranjero.*

- *Es una locura, pero allá tú, yo me marcho.*

Salté del camión y rápidamente me interné en la maleza, mientras el chaval seguía hasta Gijón. Nunca lo volví a ver.

Retrocedí por el monte hacia Villaviciosa, hasta que vi un caserío cercano al pueblo. Allí, escondido y temeroso, observé cómo pasaban las tropas franquistas camino de Gijón. Al rato, vi que salía una mujer del caserío y, empujado por el hambre y el cansancio, me atreví a acercarme a ella:

- *Por favor, ¿podría darme algo de comer?*
- *Sí, pero suba callando al pajar y escóndase, porque hay dos soldados dentro.*

Así lo hice y, escondido bajo la paja esperé hasta que la mujer vino a buscarme y me dijo que bajara, que aquellos soldados no me iban a hacer nada. Bajé temeroso, y en la cocina estaban los dos soldados franquistas en un lastimoso estado, casi peor que el mío. Sucios, con las botas rotas, tenían los pies ensangrentados y llagados debido a largas marchas de hasta cuarenta kilómetros al día que habían tenido que encarar cargados con todo el equipo, además del fusil y de la munición. Como yo, habían abandonado a sus compañeros. Sólo querían descansar un poco y comer algo. La mujer nos dio de comer a todos. Después de comer algo, los franquistas siguieron su camino pero yo me quedé allí dos días más, ayudando en los trabajos del caserío. La dueña me dijo que tenía dos hijos, que se habían escapado a las montañas para no ser reclutados, pero que ella ya sabía bien dónde estaban escondidos.

Pasados algunos días me dijo:

- *José, han avisado del pueblo que tienen que presentarse en el ayuntamiento todos los hombres, así que tendréis que ir.*

Resignado, me encaminé al pueblo con el dueño del caserío.

- *¡Cuántos muertos!*

Exclamó horrorizado aquel buen hombre parco en palabras: en el breve trecho de apenas dos kilómetros que recorrimos nos encontramos una gran cantidad de cadáveres tirados en las cunetas desordenadamente. Había tantos que incluso tuvimos que pasar por encima de algunos de ellos para poder seguir nuestro camino. Al llegar al ayuntamiento, nos separaron:

- *¡Tú, soldado, ahí, con ésos!*

Nos metieron a unos cincuenta soldados republicanos en una iglesia y cerraron las puertas. Allí estuvimos varios días sin comer nada. Suerte que había una pila de agua abastecida por una tubería y podíamos beber algo. Completamente a oscuras, perdimos la noción del tiempo. Estábamos hambrientos hasta el punto de que siempre que lograba conciliar el sueño por unas pocas horas soñaba lo mismo: que estaba en casa, comiendo una de las deliciosas tortillas de patata que nos preparaba ama. Me despertaba masticando en vacío. Allí vi cómo se quebraba el espíritu de un hombretón, que empezó a sollozar de hambre y desesperación. Estuvo horas y horas llorando sin parar.

Después de no se sabe cuántos días abrieron las puertas y nos ordenaron formar en una fila. Nos repartieron una lata de sardinas a cada uno. Yo conseguí ponerme en la fila tres veces y supongo que muchos otros hicieron lo mismo, pero en aquellas circunstancias tan sólo nos preocupábamos cada uno de nosotros mismos. Era una cuestión de pura supervivencia. Devoramos aquellas latas inmediatamente.

Después de seguir encerrados varios días más, nos sacaron de la iglesia y nos trasladaron a una gran fábrica, con un patio al exterior cercado por una alambrada. Todos los días nos sacaban escoltados para ir al cementerio a cavar fosas en las que enterraban a los fusilados la noche anterior. Un día una docena, otro día ocho... y al regresar, teníamos que recorrer el pueblo barriendo las calles hasta el mediodía. Entonces nos encerraban otra vez y nos daban un cazo de arroz blanco hervido con agua en unas grandes perolas, la única comida del día. Nos sabía a gloria, ¡comida caliente!

Joxe Iturria

Curiosa foto de un soldado carlista, probablemente navarro como yo, participando en una exhibición de levantamiento de piedra en el frente. Un harrijazotzaile que, al igual que yo y que tantos otros, probablemente fue alistado "como voluntario" para luchar en aquella guerra que ninguno de nosotros queríamos. Foto, National Archives.

Un día, aparcó junto a la alambrada un autobús de soldados alemanes. Los famélicos prisioneros veían por las ventanillas sus caras grandes y sonrosadas: reían y daban grandes voces en un idioma incomprensible al son de la música de una radio. Pero lo mejor fue que se pusieron a comer queso y naranjas y tiraban por las ventanillas las cortezas de naranja y de queso. Arriesgándonos a que los guardias nos descubrieran y nos mataran allí mismo, atravesamos como pudimos la alambrada y nos arrastramos por el suelo para recoger y comer las cortezas, corriendo como gallinas de una ventanilla a otra.

Desde entonces puedo decir que he comido cáscaras de naranja crudas, y que estaban deliciosas.

Depurado

Un cierto día me encontraba en el patio de la fábrica, afeitándome, usando como espejo mi propio reflejo en el agua de un barril. Vi acercarse despreocupadamente, curioseando, a tres soldados franquistas cuyos andares y gestos me resultaron familiares. Intrigado, me acerqué a ellos y los reconocí: eran tres lesakarras, Doroteo Apeztegia, de la casa Morronbaita; Luis Erkizia, apodado "Morrontxo" y Prantxisku Oiartzabal, de Martirrenea, los tres mayores que yo, que habían sido movilizados hacía poco.

- *Lesakarrak!*
- *Bira, bira, Joxe Ontsalkua! Ze ari iaiz hi hemen?*
- *Loiolan nioken soldado, eta uain hemen, preso*[13].

Inmediatamente me sacaron para presentarme ante su comandante, e insistieron enérgicamente que yo no debía estar preso, que era de una buena familia, que mi padre era requeté, que había sido obligado a enrolarme, y todo lo que se les pasó por la cabeza. El comandante, aburrido ante tanta insistencia, aceptó:

- *Si me traéis una carta en la que firmáis los tres haciéndoos responsables, le daré un salvoconducto para poder ir a casa.*

Salimos encantados, pero de repente, se detuvieron inquietos:

- *Ta nork eskrittu bar dik karta hori? Guk etzekigu holko karta eskritzen!*
- *Ehinendigu zerbait*[14].

Nos dirigimos a un bar donde pedimos papel y yo mismo, el más letrado de los cuatro, escribí la carta que me daría la libertad, y la firmaron trabajosamente los otros tres. A continuación nos presentamos de nuevo ante el comandante, que nos firmó el salvoconducto.

Una vez fuera, cada uno de los tres me dio cinco duros, bastante dinero entonces, y me acompañaron al tren que partía hacia Irun. Siempre les estuve muy agradecido.

Joxe Iturria

El viaje de regreso a casa duró una eternidad. Viajé rodeado de bulliciosos soldados, hasta entonces temibles enemigos, que volvían felices como yo, después de que terminase la guerra en el frente norte, comprando comida y bebida en las continuas paradas, hasta que llegué por fin a Irun, habiendo gastado todo el dinero en el camino.

En la estación, mientras me preguntaba cómo llegaría hasta Lesaka, vi a un taxista al que conocía, Patziku Bergara, natural de Arantza (se dice en Bortziriak que en el lugar más remoto al que se llegue y en el momento más inesperado, seguro que se encuentra allí a uno de Arantza). Le expliqué mi situación y me llevó hasta la puerta de Ontsalea.

Alegría inmensa en casa. El hijo mayor al que creían muerto regresaba sano y salvo después de haber desaparecido durante un año y tres meses. Entonces me enteré de que Antton Mari, desesperado por la falta de sus cuatro hijos y sin noticias del mayor, determinado a dar conmigo vivo o muerto, había partido en mi busca en compañía de un cuñado suyo de Doneztebe, Basilio Juan, sargento retirado de la guardia civil. Entre la familia y amigos reunieron una pequeña fortuna, veinte mil duros, por si tenían que pagar por liberarme si estaba vivo o para traer mi cadáver si había fallecido. Llegaron en mi busca hasta Galicia, preguntando en todos los cuarteles y ayuntamientos, mirando las listas de muertos y prisioneros. La condición de antiguo sargento del cuñado les daba muchas facilidades en la búsqueda, pero regresaron abatidos e impotentes sin ningún resultado, para llevarse la gran sorpresa de que yo hacía semanas que estaba en casa.

Tras dos días de descansó en casa con la familia, me presenté en el cuartel de la guardia civil de Lesaka, donde un tal cabo Sola y un par de vecinos que se habían erigido como "comisarios políticos" en el pueblo, auténticos "mandamases", fanáticos y peligrosos, me interrogaron violentamente. Me preguntaban si había visto en las filas republicanas a tal o cual vecino, si había matado a alguien en el frente, y por qué no había desertado antes, en Donostia o en Bilbao. Después de tres o cuatro días de inútil interrogatorio, decidieron enviarme escoltado al cuartel de Loiola.

De allí me mandaron escoltado y esposado junto con otro chico, hijo éste del dueño de los autobuses de Pasaia, a Gasteiz, a un antiguo seminario convertido ahora en prisión, donde en lo que habían sido las habitaciones de los monjes nos mantenían encerrados a los prisioneros. Diecisiete presos metían en cada celda, apretujados hasta el punto de que, para dormir, alineábamos los pies de los unos con las cabezas de los otros. Como retrete contábamos con un único balde, al que llamábamos el "tito", que era vaciado y limpiado por el más novato de la celda.

A aquella prisión la llamaban "Junta de Depuración". Nos sometían a interrogatorios cada dos días. Recuerdo que siempre nos preguntaban lo mismo: dónde habíamos andado, por qué no habíamos desertado antes y si habíamos matado a alguien. Y grandes palizas con porras de goma dijésemos lo que dijésemos. Estuve preso en esa cárcel dos meses pero, localizado por la familia, me enviaban algo de dinero y comida desde casa. Una vez incluso vino a visitarme atta. Me trajo comida y cien duros, mucho dinero en aquellos días.

Cuando mis carceleros consideraron que ya estaba "depurado", me enviaron junto con otros dos compañeros a Zaragoza. A mí me nombraron responsable de grupo durante el viaje de modo que, si desertaba uno de ellos, me castigarían a mí.

A finales de 1937 Zaragoza era un hervidero de soldados. Había varios cuarteles que rodeaban la ciudad y, consecuentemente, la actividad comercial del mercado negro era intensísima. Allí aparecimos mis dos compañeros y yo, recién salidos de la cárcel, "depurados". Lejos de asustarnos, nosotros, jóvenes pero veteranos, decidimos que en lugar de presentarnos inmediatamente en el cuartel, dedicaríamos un tiempo a pasear por la ciudad.

Al llegar por fin al cuartel y presentar nuestros documentos, tuvimos que padecer la desconfianza y la hostilidad de los mandos:

- *Mira qué nos mandan aquí, éstos son gudaris vascos, no son de fiar.*
- *Yo soy chófer, sé conducir.*

Joxe Iturria

Me apresuré a decir, que ya tenía la lección bien aprendida. Sabía de la escasez de conductores que había entonces.

- *Eso vamos a verlo enseguida, sube a ése coche conmigo.*

Arranqué un pequeño coche y di vueltas por Zaragoza, entonces una ciudad con poquísimas calles asfaltadas, mucho más atrasada que las ciudades vascas. Sorteando carretas, bicicletas y burros que circulaban caóticamente sin orden ni concierto estuve dando vueltas un buen rato. El oficial se dio por satisfecho y me ordenó acudir a otro cuartel donde se hallaba el parque de recuperación de vehículos. Aquel era el lugar al que, provenientes de toda la retaguardia del frente, enviaban en tren todo tipo de vehículos abandonados, requisados o averiados: camiones, coches, motos o, tanques, propios y del enemigo. Los reparaban y los volvían a enviar a donde hiciesen falta, para ser reutilizados.

Los mandos tenían un gran dilema: no querían darme un camión ya que no se fiaban de un soldado enemigo, de un "rojo" que, por muy "depurado" que dijesen que estaba, podía desertar llevándose consigo un preciado vehículo. Entonces decidieron ponerme de chófer del coronel. Era un militar de carrera, un hombre muy mayor al que habían dado el mando de aquel cuartel, alejado del frente, sin ningún peligro, pero que tenía su importancia. Recorría todos los frentes detrás de las tropas, examinando y eligiendo los vehículos que serían enviados al parque. Y me dijeron:

- *Hala, vete al parque y escoge un coche para llevar al coronel.*
- *¿Puedo escoger cualquier coche?*
- *Coge el mejor de todos, no seas burro.*

No lo dudé, escogí un enorme Chrysler americano, motor de ocho cilindros y unas preciosas llantas de radios. Veintitrés años y a conducir un cochazo lejos del frente: mi suerte era extraordinaria. Claro que para ponerme en aquel puesto enviaron al anterior chófer al frente con un camión. En eso se fijó un soldado, que me cogió gran manía:

- *Mirar a ese cabrón de "gudari", le ponen a conducir un coche mientras nosotros vamos al frente. No hay derecho, seguro que ha estado matando soldados de los nuestros.*

Pero aquello no fue más allá de las quejas, y yo seguí a lo mío.

Partiendo de Zaragoza recorrimos aquellas tierras tan distintas a las nuestras: grandes llanuras desiertas o campos de cultivo donde la vista se perdía en el horizonte. De vez en cuando aparecía algún poblado y percibía en sus gentes una pobreza y una miseria absolutas, algo que yo nunca había visto antes. Faltaba el color verde omnipresente en nuestro país. Allí todo era color rojizo o amarillento, hasta las ovejas habían adquirido el color de la tierra. Recorrimos Castilla y Andalucía por caminos siempre polvorientos, recogiendo los despojos que dejaba a su paso la guerra.

El coronel resultó ser un hombre muy bueno para su chófer. Hombre extremadamente religioso, pasábamos las horas durante estos largos viajes rezando el rosario:

- *José, ¿quieres que recemos el rosario?*

- *Claro, mi coronel.*

Yo le seguía la corriente.

Espabilado por las circunstancias, muy pronto empecé a sacar provecho de mi nueva situación. Me daban en cantidad unos vales para gasolina, muy racionada y codiciada, que yo vendía posteriormente a los taxistas de la ciudad, y así conseguía un buen dinero para gastos e incluso para algunos caprichos. También vendía los neumáticos nuevos de los coches y los cambiaba por usados e iba al taller a que colocasen otros nuevos:

- *Mira cómo tengo las ruedas, tendrás que cambiármelas, así no puedo ir.*
- *Ya las habrás vendido por ahí, ya.*

No engañaba a los mecánicos, pero estos trapicheos y otros más serios eran lo habitual entonces. Todo el mundo lo hacía, en tiempo de guerra se roba, se abusa y se mata con total impunidad, con absoluto desprecio de las normas éticas y sociales.

Joxe Iturria

La guerra engendró muerte, sufrimiento y destrucción, pero también hambre y miseria. Por lo general eran los más débiles los que sufrían más vivamente los efectos del conflicto, fundamentalmente mujeres y niños como los de la imagen, que se veían forzados a abandonar sus hogares deambulando sin rumbo fijo, nada para comer, y sin apenas algo con lo que cubrirse durante las noches a la intemperie. Foto, National Archives.

Había un grupo de soldados que destacaba por sus fechorías. Eran los llamados "moros", batallones de marroquíes traídos por Franco de Marruecos. Eran mercenarios pagados a los que no importaba nada, no tenían ideología. Su misión era luchar, violar y saquear. Incluso sus propios superiores cerraban los ojos y les dejaban hacer.

Recuerdo que un día acudí al dentista. Esperando mi turno en la sala, me fijé en uno de estos voluntarios marroquíes que, al sentirse observado, se me acercó y me enseñó un saquito.

- *Compra, compra, son de oro.*

Movido por la curiosidad miré dentro y pude ver que la pequeña bolsa estaba llena de dientes de oro: se los iba a vender al dentista. Di un brinco entre espantado y asqueado, y salí a toda prisa de la consulta: se me pasó el dolor de muelas de repente.

Luego supe que muchos de ellos eran especialistas en arrancar los dientes de oro a los muertos. Llevaban alicates para hacerlo, pero si veían a un vivo con ellos, eran capaces de seguirle y matarlo para arrancárselos cuando aún agonizaba. Odiados por los republicanos, causaban mucho temor y desprecio en ambos bandos y especialmente entre la población civil.

Un día me permití el lujo de ir al cine en compañía de otro soldado de por aquí que como yo había luchado con anterioridad en las filas del Gobierno de Euskadi. Antes de la película ponían siempre un documental del Nodo, que destilaba propaganda y falsedades en favor del bando falangista. Sentados en aquel cine escuchamos atónitos cómo la villa de Gernika había sido dinamitada e incendiada salvajemente por el ejército rojo y los malvados separatistas vascos:

- *Hará, holko gauzak ikus bihar. Gu han gattuken ta bazekigu ongi ze pasatuzen*[15].

Murmuramos en nuestra lengua, turbados, los dos compañeros.

Estando en Zaragoza, avisaron desde casa que Antton Mari estaba gravemente enfermo, que se moría. Pedí permiso, me lo concedieron y partí a Ontsalea lleno de zozobra y preocupación. Al llegar a casa, encontré a atta postrado en cama, con una fuerte pulmonía. El sacerdote ya le había dado la extremaunción:

- *Biño, medikuk ze errandu? Nola ezta hemen medikua berekin?*
- *Medikuk deusere ezindula egin errandik. Ixtantin hilko dela*[16].

Me contestó entre lágrimas ama.

Sin decir una palabra más, cogí una bicicleta y bajé al pueblo en busca del médico al que encontré en el frontón, viendo un partido de pelota. Furioso, me encaré con él:

- *¿Qué pasa con mi padre?*
- *¡Tu padre está muerto, hombre! No hay nada que hacer.*

Rabioso y en tono fuerte, le contesté:

- *¡Todavía no está muerto! ¡Seguro que se puede hacer algo, llamar a algún especialista o a alguien!*
- *Bueno, si quieres gastarte el dinero, hay unos especialistas en San Sebastián...*

- *¡Pues claro que quiero gastarme el dinero! Siempre hay una posibilidad. Venga, ¿les llama usted, o me da el teléfono y les llamo yo?*
- *No, no, ya les llamo yo.*

Vinieron rápidamente los especialistas, eran padre e hijo, de apellido Eizagirre, de Oihartzun. Examinaron a atta durante mucho tiempo, conferenciaron entre ellos y con el médico de Lesaka y finalmente hablaron con madre e hijo:

- *Está muy mal este hombre. No sabemos si saldrá adelante, pero para curarle necesitamos una medicina nueva, que no hay aquí, sólo en Francia, y estamos todavía en guerra.*
- *No se preocupen, que ya me encargo yo de traerla.*

Monté en la bicicleta y marché a Bera con la receta. Sabía a quién dirigirme, un tal Pagola, que tenía un cuñado contrabandista. Dejando las bicicletas en el caserío Matxain, cerca del puente de Lesaka, subimos los dos andando hasta las palomeras de Etxalar, donde el contrabandista me señaló el camino para bajar a Sara. Llegado al pueblo pregunté por un caserío, Bordatxarrekoborda, que eran parientes de Ontsalea. Con el dueño del caserío llegué a Baiona donde compré la costosa medicina y, después de agradecer el favor, volví andando por el mismo camino -larga caminata- hasta el caserío Matxain, cruzando la frontera dos veces, arriesgando la vida por salvar la de atta.

Los especialistas habían pronosticado que, en el improbable caso de que sobreviviera, Antton Mari quedaría tan mermado que apenas podría moverse, ya que la pulmonía que en muchos casos era mortal, dañaba gravemente el corazón. Tenía entonces cincuenta años. Pero se recuperó y volvió a trabajar, haciendo grandes desplazamientos en bicicleta. Conoció a todos sus nietos y vivió hasta los ochenta y ocho años.

Entre tanto yo había vuelto a Zaragoza, a mi trabajo de chófer del coronel:

- *José, que subas al despacho del coronel.*

Al entrar al despacho, saludando como era preceptivo, observé que el viejo militar tenía entre sus manos una carta:

- *Ha llegado este documento que dice que, por tener tres hermanos más en la guerra, tú estás licenciado y te puedes ir a casa hoy mismo.*

El corazón me dio un vuelco, y a duras penas pude reprimir la tremenda alegría:

- *Ya comprendo que querrás ir a casa enseguida, pero piénsatelo, la guerra todavía durará mucho tiempo. Aquí estás muy bien y, si te vas ahora, quién sabe si no te llamarán otra vez y entonces tendrás que ir al frente.*

Aquel viejo militar me había cogido aprecio, pero yo no lo pensé ni un segundo.

- *No, mi coronel, yo quiero ir a casa ahora mismo.*
- *Bueno, bueno, ya te preparo los salvoconductos.*

Se resignó el coronel. Me despidió afablemente e incluso me dio una cantidad respetable de dinero para el viaje.

Inmediatamente me puse a vender los vales de gasolina que me quedaban, así como las herramientas del coche, monos de trabajo y otras ropas y enseres. Todo lo que pude pillar. Así de vivo me había vuelto. Monté en el primer autobús que salía para Iruñea, autobús que, anticipándose a la fiebre de patriotismo y grandilocuencia que duraría décadas, se llamaban "flechas azules" (el azul oscuro era el color de los uniformes falangistas, y su enseña el arco y las flechas).

No obstante, a pesar de la rapidez que evocaba el nombrecito, corrían menos que un rebaño de ovejas guiado por un perezoso pastor, sobre todo para aquel soldado que volvía por fin a casa, totalmente libre.

Al atardecer el autobús llegó a Tudela, y el chófer anunció que la parada duraría una hora exacta, tiempo para cenar, y el que no acudiese a tiempo se quedaría sólo con los de Tudela.

Entré en un bar a cenar y allí encontré a un chico de Lesaka, Xexilio Etxeberria. Cenamos juntos, contándonos nuestras peripecias. Xexilio, algo más joven que yo, era el hijo del dueño del autobús de la línea Iruñea-Lesaka. Era un joven ocurrente, atrevido y algo fanfarrón, pues al ser movilizado, lo destinaron como a mí de chófer de camión.

Joxe Iturria

Foto de familia frente a Ontsalea hacia 1957. De izquierda a derecha, Modesto, Carmen, Antton Mari, Mari Cruz, Joxe, Salvador y, Joxe Mari. Abajo, Juan Luis y Aguxtin. Foto, Iturria familia.

Hablando sin parar, se nos pasó la hora de salida del autobús, que como había anunciado el chófer marchó sin esperar a nadie. Así me quedé de noche en Tudela:

- *Ta uhain nola yuamardit nik itxera? Ederra ehin dit, autobusa galdu, alajainkua!*
- *Igual duk gizona, nik eraunendit kamionakin itxeño!*
- *Bai, zakurren biroliña! Nola utzi bar duk hire zerbiziua? Desertore bizala fusilatuko yaute!*

- *Kia, ez ttuk guartukore! Tira, guazen Lesakara!*[17]

Y nos pusimos en marcha. Xexilio era tan lanzado que se jugó cuando menos una buena temporada en el calabozo por llevarme a casa.

Atravesamos Iruñea sin contratiempos pero, al llegar al puerto de Belate, a la luz de los faros del camión, nos salió al paso un control de la guardia civil:

- *Hará, ta uain ze erranendigu?*
- *Hik utzi niri, ni solastuko nauk*[18].

Xexilio se caló bien la gorra militar, se arregló el uniforme y puso cara de general de todos los ejércitos del mundo. Con precaución, asomando el fusil por la abertura del amplio capote, se acercó a la ventanilla uno de los guardias:

- *Buenas noches, ¿a dónde se dirigen?*
- *Estamos en "misión de servicio".*

Espetó Xexilio con el tono seguro y misterioso de un terrible espía en una importantísima misión. Inmediatamente el guardia civil se cuadró, llevándose la mano a la gorra en impecable saludo marcial:

- *Continúen ustedes, y perdonen.*

Llegamos a Lesaka a las tantas. Normalmente, a partir de las once, el alguacil del pueblo, apodado "Mamurro", se encargaba de cerrar todos los bares y el pueblo parecía muerto, con las luces apagadas en medio de un silencio sepulcral. Aquella noche, el tal Mamurro se había emborrachado a conciencia, cosa frecuente, y el bar Casino, también llamado "Romaldon Itxia", hervía de actividad, lleno de alegres parroquianos que saludaron eufóricos la llegada de los dos jóvenes militares, muy populares y queridos por todos.

En aquel tiempo de penuria y escasez, Xexilio compró una botella de coñac y fue llenando todos los vasos. Yo saqué otra y, Romaldo, el dueño, un gran juerguista, sacó varias rondas gratis. Y aquello parecía Sanfermines: un jolgorio tremendo, música de acordeón incluída, con el que debía de velar por el cumplimiento de las normas, Mamurro, saltando y bailando como el que más.

Todavía de noche me dirigí a Ontsalea caminando como podía, ladeándome de una parte a la otra de la carretera de tal forma que, al llegar al puente de Arratzubi, entonces más estrecho que el actual, pero por el que pasaban coches y camiones con total facilidad, me puse a cuatro patas y así lo crucé por miedo a caerme al río: tal era la borrachera que llevaba.

Al llegar a casa me recibió ama, tan feliz de tenerme en casa por fin que ni se enfadó al verme en aquel estado. Tan sólo me mandó rápidamente a la cama.

Xexilio moriría poco después, una víctima inocente más de aquella larga guerra.

Posguerra

Gracias a las gestiones hechas desde casa pude licenciarme en el invierno de 1939, dos meses antes del final de la guerra, por una ley que decía que no podía haber tres hermanos movilizados. En realidad, en nuestro caso éramos cuatro y los tres restantes siguieron combatiendo. Más aún, al terminar la guerra no fueron desmovilizados sino que por su edad Xalbador y Modexto siguieron de soldados dos y tres años más respectivamente. La peor parte fue para Aguxtin, que estuvo nada menos que siete años movilizado, seguramente a causa de la llamada Segunda Guerra Mundial.

A pesar de la simpatía que el régimen del general Franco profesaba por la Alemania nazi y la Italia fascista, y de estar en deuda con ambos regímenes por la gran ayuda prestada por estos durante la guerra de 1936, el general Franco finalmente no tomó parte activa en la Segunda Guerra Mundial.

Con el país destrozado debido a la guerra, Antton Mari y yo nos pusimos desesperadamente a trabajar de albañiles para traer dinero a casa y mandar lo que podíamos a los hermanos ausentes. Conseguimos una importante obra. Un adinerado carnicero de Donostia, Agustín Cabra, propietario de dos carnicerías, se lanzó a construir una fábrica de charcutería en Igantzi. La encargó a unos fuertes constructores donostiarras, Iturralde y Mendía, y éstos le subcontrataron la obra a atta.

Durante la construcción, padre e hijo comíamos al mediodía en el restaurante Herriko Etxea de Igantzi. Allí quedé prendado de una chica que destacaba entre las demás por su belleza, dulzura y simpatía. Era alta, con un precioso y ondulado pelo castaño y una resplandeciente sonrisa que iluminaba su cara. Se llamaba Barbara Lekuona Senper, del caserío Mendibil, en el barrio Irisarri de Igantzi. A ella también le gustó aquel lesakarra menudo y delgado, pero muy apuesto que, pese a ser hijo del patrón, le parecía un chico discreto y sencillo.

Barbara Lekuona y Joxe Iturria en las fiestas de San Fermín de 1942. Foto, Iturria familia.

Tras un rápido flechazo nos convertimos en novios inseparables, pero la tremenda rectitud y autoridad de *ama* nos llevó a ser muy discretos y cuidadosos. Sin embargo, a pesar de nuestra discreción, los rumores llegaron a oídos de Mari Cruz y ésta, temerosa y a la vez ilusionada por el futuro de su hijo mayor, no podía soportar la curiosidad.

Cierta tarde de domingo paseábamos los dos enamorados agarrados de la mano por la carretera de Igantzi a Arantza, a la altura de San

Juan Xar, cuando vimos estupefactos cómo se acercaba pedaleando en su bicicleta nada menos que el mismísimo Antton Mari, el cual nos saludó con una pícara sonrisa en el rostro:

- *Biño, ze hari da zure atta hemen, bizikletan?*
- *Bah, seguro amak bihali dula guri bijilatzera*[19].

La sorpresa apuró un poco a Barbara, pero a mí me divirtió, ya que conocía bien a ama.

Padre e hijo seguimos trabajando sin cesar. Tras la destrucción de los tres años de guerra sólo cabía ir construyendo lentamente. Pasamos a construir unas casas en Irun, en la calle Cipriano Larrañaga, zona que había sido quemada por los republicanos. Nos dieron también en subcontrata la remodelación de parte del colegio de Mugairi y la reconstrucción de otro colegio de monjas en la misma localidad. Poco a poco nos convertimos en los más fuertes constructores de la zona. Además, el resto de los hermanos fueron llegando a casa y se pusieron a trabajar inmediatamente. Modexto en el caserío, Xalbador en un taxi que compramos, con el que cubría los servicios del pueblo y, yo con un camión.

Xalbador, alto, rubio, muy apuesto, era perseguido por muchas chicas, pero él se echó una novia de Sunbilla, del caserío Latsa, al lado de la carretera principal, llamada Bittori Elizondo. La boda se celebró en Doneztebe. Fue un gran acontecimiento. Xalbador llevó en el coche a sus padres y a los hermanos pequeños y yo cargué en el camión a Modexto, Aguxtin y a una gran cuadrilla de amigos de todos los hermanos.

Desde la salida festejaron el acontecimiento con gran bullicio. Nartziso Irigoien, el hijo del carpintero, un verdadero pícaro, compró cohetes y los iba lanzando por todas partes. Al pasar por el cuartel de la guardia civil, todavía en Lesaka, cayó uno que no había estallado. El guardia de la puerta se apresuró a cogerlo, con la mala fortuna de que le estalló en la mano, causándole alguna herida. Los del camión ni siquiera se enteraron, pero al llegar a Doneztebe, cuando ya todos estábamos dentro de la iglesia, se abrieron las puertas y entró un grupo de guardias preguntando por los del camión que había venido de Lesaka. Salimos todos, nos hicieron montar otra vez en el camión y vuelta a Lesaka, escoltados, sin saber qué había pasado, llenos de miedo.

Allí nos interrogaron y al no sacar nada en claro y comprender que había sido un desafortunado accidente, nos dejaron marchar otra vez a Doneztebe entre resoplidos de alivio y múltiples comentarios sobre lo sucedido. Llegamos a la comida y tuvimos que explicar a todos los demás lo que había ocurrido. Al final, fue una gran fiesta.

Yo entablé amistad con una clienta que vivía entonces en Doneztebe, una mujer muy rica y famosa. Se llamaba Amelia Azarola y era una de las primeras mujeres médico del estado. Hija de un ingeniero socialista, antiguo alcalde de Doneztebe era la sobrina de un ministro de marina de la República, Antonio Azarola. Mujer de fuerte carácter, el 14 de abril de 1931 portó la bandera republicana de los universitarios madrileños hasta la Puerta del Sol. Paradójicamente, aquella mujer tan comprometida políticamente y de familia de convicciones socialistas y republicanas se enamoró perdidamente de un apuesto y audaz militar estellés, Julio Ruiz de Alda, famoso en el mundo entero por haber realizado en 1926 la primera travesía aérea entre Palos de la Frontera (Huelva) y Buenos Aires. Enorme hazaña, pues recorrieron más de diez mil kilómetros sobre el Atlántico tardando unas sesenta horas en un pequeño hidroavión de cuatro tripulantes, el Plus Ultra.

Ruiz de Alda, entonces capitán, era el segundo piloto; el comandante era Ramón Franco, hermano del posteriormente dictador, Francisco Franco.

Julio Ruiz de Alda era un convencido fascista, cofundador junto a José Antonio Primo de Rivera de la Falange, partido ferozmente nacionalista español, fascista e imperialista hasta el extremo de querer subyugar bajo sus botas no sólo a las naciones de la península, sino incluso a los países iberoamericanos, como proclamaron a los cuatro vientos en 1933 en su programa político.

Incomprensiblemente, pese a sus diferencias políticas, se casaron y tuvieron un hijo. Al estallar la guerra les metieron a los dos, junto con otros muchos fascistas, en una cárcel de Madrid. Allí fusilaron a Julio y, como me relató ella misma, ella sufrió un aborto en la cárcel. Casi al mismo tiempo moría fusilado en El Ferrol el tío de Amelia, el ministro socialista, pero a manos de los falangistas.

Lógicamente, pasada la guerra, la viuda de Ruiz de Alda gozaba de la más alta consideración y estima en las altas esferas del nuevo régimen, no tanto por ser una de las primeras médicos del estado, especializada en pediatría, sino por ser la viuda de uno de los fundadores de la Falange. Era rica y famosa, vivía y trabajaba en Madrid, pero pasaba largas temporadas en Doneztebe. Cada vez que venía me llamaba para que le hiciera arreglos y reformas, e incluso alguna casa entera.

Por aquel entonces se proyectó la central eléctrica en Irurita. Concedieron la obra a Martín Zabaleta, un hombre muy bien relacionado, el cual me llamó para que yo hiciera la obra. Nunca había acometido un contrato de tal envergadura y, en cuanto empezaron las obras, tanto los ingenieros y los arquitectos como yo mismo nos dimos cuenta de que el tal Zabaleta no sabía nada de construcción: sólo figuraba y cobraba.

Joxe Iturria

Joxe frente a la iglesia de Almandotz, uno de los proyectos que llevó a cabo su constructora en 1956. En la foto, Joxe en la celebración del 50 aniversario de la construcción del templo. Foto, Iturria familia.

Cierto día que tuve que ir a Iruñea para hablar con el responsable principal, le planteé que yo haría la obra, pero a mi nombre y cobrando todo lo que me correspondía, ya que yo ponía la mano de obra, el trabajo y el material, corriendo con todos los riesgos. Llegamos a un acuerdo enseguida.

A causa de la guerra mundial la situación económica empeoró aún más, hasta límites insoportables. Aunque se tuviera algo de dinero no se podía comprar casi nada. Prácticamente desapareció la gasolina, que sólo se daba a los autobuses y a los taxistas. Alguien inventó un motor "de gasógeno" que funcionaba quemando carbón y de los gases de la combustión se sacaba la potencia necesaria para mover a duras penas vehículos y maquinaria industrial. Su rendimiento era escaso, de modo que los coches y pequeños camiones con motores modificados a gasógeno, humeantes y malolientes, prácticamente se arrastraban por las carreteras y los conductores y ocupantes terminaban siempre negros de hollín. En el maletero tenían que llevar un saco con carbón como combustible, y cada poco tiempo tenían que llenar el horno. Fue un retroceso bárbaro, el hambre y las enfermedades hicieron estragos.

Se racionaron todos los alimentos, incluido el pan. Mediante una cartilla que se daba a cada familia se nos suministraban los alimentos imprescindibles para no morirnos de hambre. No había aceite, el azúcar, en cantidades ínfimas, era sólo para los niños, desapareció el café y los panaderos recibían la harina justa para hacer unos pocos panes que iban a parar a los más influyentes como el alcalde, el médico, el maestro, las fuerzas del orden y los religiosos.

La necesidad y la desesperación aguzan el ingenio de modo que los panaderos empezaron a mezclar la escasa harina que recibían con bellotas molidas y otros productos de tal forma que en el pan aparecían cuerdas, cáscaras y cosas raras, incluso hubo un panadero sin escrúpulos ni mucho seso al que se le ocurrió mezclarla con... ¡escayola! Naturalmente, aquello serviría para hacer esculturas, pero no para comer, de lo duro que estaba. Y tuvo que tirar toda la producción.

Camión Diamond T que adquirió la familia para las obras de la constructora, hacia 1954. Foto, Iturria familia.

En lugar de aceite se usaba manteca de cerdo. Se cogía un buen trozo de tocino y se introducía en el puchero, de donde se extraía para utilizarlo de nuevo. Como sustituto del café se usaba la achicoria que se mezclaba con maíz molido y quemado. Se fumaba cualquier porquería.

La situación llegó a ser tan desesperada que el comercio ilegal, llamado "estraperlo", irrumpió con fuerza. Los que practicaban el contrabando, llamados "estraperlistas", se enriquecieron sustancialmente. Formaron mafias y las consecuentes venganzas y delaciones eran habituales, las propias derivadas de todo comercio ilegal.

La guardia civil y la policía se encargaban de hacer cumplir el racionamiento, con severas multas y durísimas penas de prisión para el que se aprovechase. Pero, naturalmente, ellos eran los primeros que se beneficiaban, con sobornos y requisas de víveres, que se quedaban para vender o para consumo propio.

En cada pueblo era nombrado un "jefe de abastos" que se encargaba de controlar y contabilizar la mercancía que llegaba a las tiendas. Inmediatamente, este hombre se convertía en el más poderoso e influyente del pueblo.

Alguien delató al panadero de Lesaka, y la policía encontró un almacén en el que tenía una gran cantidad de sacos de harina.

Lo procesaron. El delito era gravísimo y cuentan que, lamentándose desesperado en la panadería, con un gesto digno del mejor teatro dramático, abrió el gran horno encendido y rugiente y les dijo a sus obreros:

- *Bultza nazazue barrura, bultza!*
- *Shalto! Ehin shalto zieunik!*[20]

Le contestaban irónicamente éstos, que saltara él adentro.

Por mediación de alguna alta autoridad eclesiástica salió libre, seguramente pagando alguna multa.

En la obra de la central, para dar de comer a los obreros, llegué a un acuerdo con el panadero de Irurita, Isidoro Fagoaga, natural de Bera, amigo mío desde la niñez. Yo le proporcionaría harina y él haría los panes quedándose él con lo que sobrara. El asunto funcionaba. Era la única obra que daba un rancho con pan blanco, y la gente hacía cola para pedir trabajo. El rancho consistía en un plato de habas al mediodía y caldo de habas para cenar.

En raras ocasiones se podía incluir en el potaje un pequeño trozo de carne, pero el pan era apreciadísimo, hasta el punto de que observé que uno de los obreros se guardaba en su bolsillo todos los días la mayor parte de su ración de pan. Intrigado, le pregunté por qué lo hacía. Bajando la cabeza avergonzado, me confesó que los fines de semana, cuando regresaba a casa, llevaba los trozos de pan a sus doce hijos, para que pudieran comer pan blanco siquiera una vez a la semana. A pesar de que estaba ya como una piedra de duro, para los niños era un manjar delicioso.

Les pagaba un sueldo, naturalmente, pero siempre sospeché que muchos hubieran trabajado sólo por la comida. También observaba y permitía que el ranchero alimentase furtivamente a unos cuantos niños de los caseríos de alrededor que se acercaban todos los días tímidamente, con tímidos ojos suplicantes, las manos extendidas, los pies sucios y descalzos. Cierto día se presentaron en la obra una pareja de guardias civiles. Registraron la ranchería y los barracones de arriba abajo y no pararon hasta encontrar una botella de aceite que yo escondía para atta y para mí, con el fin de comer unos huevos fritos decentes de vez en cuando. Se la llevaron diciendo que era estraperlo, sin más explicaciones.

Trabajando en Ontsalea, ca. 1955. Foto, Iturria familia.

Al llegar el fin de semana, los obreros lesakarras y los de la zona de Bortziriak montábamos en el camión y nos dirigíamos a nuestras casas. En aquella ocasión nos esperaba en la carretera una pareja de la guardia civil que registró el camión y encontró un saco de harina que yo le llevaba a ama para hacer pan en casa. Detrás iba yo, en coche. Me presenté como el patrón y responsable del saco:

- *Es para la viuda de Ruiz de Alda, que me ha encargado que se lo lleve.*
- *Bueno, pues vamos a su casa, a ver si es verdad.*

Montaron los desconfiados guardias en el camión llevando el saco. Yo, en el coche, me adelanté y llegué a Doneztebe donde expliqué a mi amiga el apuro en el que estaba envuelto, y le rogué que mintiera a los guardias. Ella accedió y al llegar el camión explicó a los guardias que el pan era para ella. Éstos le pidieron disculpas y se marcharon chasqueados. Ella era intocable. Le di las gracias y al cabo de un rato continuamos el viaje con el saco de harina en el coche.

Cierto día volvía de Iruña a Lesaka en autobús acompañado de un amigo. Entablamos una animada conversación, naturalmente en euskera, y al llegar al pueblo continuamos hablando los dos en la plaza. Al rato, vimos que se acercaba un vecino del pueblo que había venido con nosotros en el autobús, seguido de dos guardias civiles.

- *¡Éstos! ¡Estos dos eran los que venían hablando en vasco en el autobús! ¡Venga, deténgalos ahora mismo!*
- *¿Ustedes venían hablando en vasco?*

- *¡Qué vamos a hablar en vasco! ¡Si nosotros estábamos al fondo del autobús, y éste estaba delante, con el chófer! ¡Qué nos va a oír ése!*
- *Bueno, bueno, váyanse todos a casa, se acabó este asunto.*

En este caso la cosa no fue a más, pero nos podían haber fichado y el asunto nos habría costado una multa. Todo esto por el simple hecho de hablar en nuestra propia lengua, el euskara. Así eran las cosas entonces.

Cuando nos decidimos, llevé a mi novia, Barbara, a presentarla a mis padres. A pesar de ser una joven baserritarra había salido mucho del caserío. Vivió varios años en Donostia, cuidando de los hijos de su hermana mayor María, hablaba perfectamente el castellano y lo escribía con una letra muy bonita. Además, sirviendo en el restaurante Herriko Etxea había adquirido mucha soltura en el trato con la gente.

Alertada por mí de lo recta y exigente que era su futura suegra, venció su miedo y se presentó ante ella quien, como había hecho con la novia de Xalbador, la examinó a fondo. Era la futura mujer de su primogénito. Siempre la trató con suma amabilidad. Debió de gustarle, pues algo después me comentó:

- *Baserritarra izateko emakume xuria!*[1]

Lo tomé como un cumplido, como si dijese que era una chica fina.

Preparamos la boda para el diez de febrero de 1948. Yo tenía treinta y tres años y Barbara treinta y uno. Por "exigencia" del cura de Igantzi nos casamos allí, a pesar de que yo quería casarme en Lezo. Esta vez la boda se celebró sin incidentes, y nos fuimos de viaje de novios a Barcelona.

El viaje lo hicimos en tren. Visitamos numerosos lugares y rincones de la ciudad, pero yo tenía interés en ver las obras de Gaudí, con quien debió trabajar un gran constructor, porque el trabajo que realizó es admirable.

Compramos diversos enseres, mantelería, vajilla, y otras cosas para nuestro hogar, las cuales nos fueron entregadas a domicilio en Lesaka.

Foto de boda de Barbara Lekuona y Joxe Iturria en 1948. Foto, Iturria familia.

Al regresar, paramos en Zaragoza, que yo conocía bien, enseñé a mi mujer el Pilar, y paseamos por sus calles.

- *Espezu Joxe, bira ze zapata ederrak! Erosi ein bear ttut.*
- *Ez, ez, aunitz gastatu ein dugu, Iruñan erosko ttuzu!*[2]

Mi brusca negativa sorprendió a Barbara, que me había dado sus ahorros para que los llevase, ya que no le parecía bien que una mujer en compañía de su esposo llevase el dinero, pero me obedeció sin rechistar.

Volvimos a Iruñea en autobús y, al subir el puerto del Perdón, cerca de la cumbre, la nieve que caía en abundancia había comenzado a cuajar, de forma que el autobús patinó y se negó a seguir.

- *¡Venga, todos abajo, y los hombres a empujar, que si no aquí pasamos la noche!*

Qué remedio, en medio de la fuerte nevada todos los hombres sudamos la gota gorda empujando el autobús, mientras las mujeres nos seguían tiritando de frío, empapadas y con los pies mojados. Para colmo de males, a Bárbara se le rompió el tacón de los únicos zapatos que llevaba.

Llegamos por fin a la cumbre, montamos todos en el autobús y descendimos a Iruñea ya de noche.

En el hotel, Barbara estaba furiosa, a duras penas contenía las lágrimas.

- *Enun uste hain zurra ziñela! Ze eingo dut nik uain? Zapata hek erosi banittun, uain paratzen al nittun! Nola ibil bihar dut nik uain, takona hautsiyakin?*[23]

Asustado, salí en plena noche con el zapato roto a casa de un amigo que me debía algún favor.

- *Yo esto no te lo puedo arreglar, pero te dejaré unos zapatos de mi hija.*

Arreglado el asunto, al día siguiente partimos en tren a Irun.

Entonces me di cuenta de que me había casado con una mujer de fuerte carácter. Barbara, normalmente de carácter y maneras muy dulces, escondía un genio explosivo que salía en contadas ocasiones, pero que sorprendió muchísimo a aquellos que lo sufrieron.

Pasamos a vivir a Ezkuntza, en el primer piso. Mi primo Periko y mi tía vivían en el segundo.

Un domingo, después de misa, se me acercó el alcalde y me dijo:

Joxe Iturria

Bodas de oro de Antton Mari y Mari Cruz, en 1963. Foto, Iturria familia.

- *Aizak hi Joxe, kontzejal sartu bar ihaut ayuntamientun.*
- *Bai zera, ni gerran gorriyakin ibillia, nola sartu bar naiz kontzejal?*
- *Utziziak niri hori. Bizak, Franco Espanian bizala, ni nauk Lesakan. Nik agintzen dit hemen dena.*[24]

El alcalde de entonces, además de un acérrimo defensor del régimen franquista, era sastre, y Mari Cruz, la etxekoandre de Ontsalea, era una de sus mejores clientas. Supongo que ésa era la razón por la cual quiso tenerme de concejal.

Así eran las cosas en aquel tiempo. No se votaba sino que se nombraba; no se pedía sino que se ordenaba; no se consentía sino que se acataba.

Cuando en 1952 se inauguró el monumento a los caídos en Iruñea se grabó sobre la piedra de la fachada la inscripción "Navarra a los muertos en la Cruzada". Recuerdo que nos ordenaron a unos cuantos concejales y alcaldes navarros presentarnos en el acto. Así lo hicimos. El monumento sería oficialmente inaugurado por el caudillo, de forma que nos alinearon formando una larga hilera y, uno a uno, le tuvimos que dar la mano. Yo le di la mano a aquel general que había provocado tanto sufrimiento y que era el primer responsable de tantas muertes, tanta miseria y tanto dolor a tanta y tan buena gente.

Los largos años de la posguerra fueron muy difíciles. Tuvimos que trabajar muy duramente y tan sólo con una gran determinación y mucho sacrificio pudimos salir adelante.

Muchos años después volví a Gernika con mi mujer. Sentía la necesidad de contarle a ella lo que había vivido.

Joxe Iturria

Familia Iturria en 1965. Arriba, de izquierda a derecha, Periko Lasaga, Valentina, Milagros, Joxe, su hija Ana Mari y su hermana Carmen. Abajo, Antonio y Jokin, hijos de Joxe, y Joxe Jabier, hijo de Periko y Milagros. Foto, Iturria familia.

Gernika había cambiado mucho. No reconocía la zona donde yo había permanecido escondido. Quería visitar el árbol de las libertades vascas, de modo que aparqué mi coche en algún lugar cercano. Noté cómo algunos vecinos miraban la matrícula navarra, posiblemente pensando que yo era uno de aquellos requetés que tomaron la villa por asalto después de que los aviones que los precedieron la hubieran destruido. Pero yo no podía hablar. No podía decirles que yo estuve allí mismo bajo las bombas, con ellos, porque en aquella época tan sólo mencionar el bombardeo se consideraba un crimen. De modo que entramos en el coche y abandonamos Gernika.

Durante cuarenta años nos enseñaron a guardar silencio, a no hablar. Nunca lo hice. Tan sólo cuando cumplí los 75 años me decidí a contar a mis hijos lo que había visto en Gernika y en Durango en el curso de aquellos terribles bombardeos, 53 años después de los hechos. Mi hijo Antonio puso por escrito mi narración. Muchos años después me ha entrevistado Xabier Irujo. Mi primo Periko Lasaga también estuvo en Gernika el día del bombardeo. Los dos hemos vivido en Lesaka desde que terminó la guerra y, a pesar de haber trabajado juntos en la misma empresa de construcción durante 45 años, nunca hemos hablado del bombardeo. Seguramente nunca lo haremos. El profesor Irujo nos entrevistó separadamente. Setenta y seis años después sigo sintiendo un dolor terrible al recordar aquellos acontecimientos.

No recuerdo que aquella guerra trajera nada bueno. Ninguna guerra lo hace.

Notas

---

¹ -¡*Ve tú*!
    - ¡*No, ve tú*!
² *Tíralo otra vez si tienes cojones.*
³ *Tenerlo aquí, que no se mueva, yo lo curaré.*
⁴ *No sueltes la cuerda; agárrate fuerte. Enseguida te alcanzo.*
⁵ *Ve a Sunbilla, habla con el secretario y pregúntale a ver si tiene trabajo para nosotros.*
⁶ *Vamos, te llevo a la fábrica de Bera; hay allí un ingeniero que te dará el carné.*
⁷ *¡Estate quieto! Más te habría valido no ir allí. ¿Para qué te metes en esos líos?*
    ¿Te han dado bien, e? ¡Así aprenderás a dejar la política y a trabajar!
⁸ *¡Este txiquito navarro lo ha arrancado! ¡Él solo!*
⁹ -*Pero, ¿qué demonios haces tú aquí?*
    -*Estaba de soldado en el cuartel de Loiola con estos dos Beratarras y ahora nos dicen que nos van a fusilar.*
¹⁰ *Vamos al monte, a ver muertos.*
¹¹ *Nos os preocupéis, los que mueren en el frente van todos al cielo.*
¹² *¿Por qué no vas entonces tú a la guerra? ¿No tienes ganas de ir al cielo? ¡Ve, ve tú a la guerra!*

Es preciso señalar que en aquel tiempo era un atrevimiento tutear al sacerdote, en lugar de dirigirse a él de usted. Sólo eso suponía un insulto, lo que da una idea de la rabia de aquella mujer.

¹³ *-¡De Lesaka!*

-!Mirad, Joxe de Ontsalea! ¿Qué haces tú aquí?

-Estaba de soldado en el cuartel de Loiola y ahora estoy aquí, preso.

¹⁴ *-¿Y quién va a escribir esa carta? Nosotros no sabemos escribir una carta así.*

-Bueno, algo haremos.

¹⁵ *Mira, tener que oír estas cosas. Nosotros estábamos allí y sabemos bien lo que realmente ocurrió.*

¹⁶ *-Pero, qué ha dicho el médico. ¿Cómo es que no está aquí con él?*

-El médico ha dicho que no puede hacer nada por él. Que pronto morirá.

¹⁷ *-Y ahora ¿cómo voy a ir yo a Lesaka? Menuda la he hecho, ¡perder el autobús! ¡Demonios!*

-Es igual hombre, yo te llevo en mi camión hasta casa.

-¡Sí, que te lo has creído! ¿Cómo vas a abandonar el servicio? Te fusilarán por desertor.

-Qué va, ni se van a enterar. ¡Vamos a Lesaka!

¹⁸ *-Mira, ¿y ahora qué decimos?*

-Tú déjame a mí, yo hablo.

¹⁹ *-Pero, ¿qué hace aquí tu padre en la bicicleta?*

-*No es nada, seguro que lo ha enviado ama a vigilarnos.*

[20] -*¡Empujarme, empujarme dentro!*

-*Salta tú, salta tu solo.*

[21] -*Una chica fina para ser de caserío.*

[22] -*Espera, Joxe, mira qué hermosos zapatos. Los voy a comprar.*

-*No, no, hemos gastado mucho. Ya los comprarás en Iruña.*

[23] -*No pensaba que eras tan agarrado. ¿Qué voy a hacer yo ahora? Si hubiese comprado aquellos zapatos me los podría haber puesto ahora. ¿Cómo voy a andar con el tacón roto?*

[24] -*Oye Joxe, te voy a meter en el ayuntamiento de concejal.*

-*¡Sí hombre! Yo he andado en la guerra con los rojos, ¿cómo me voy a meter de concejal?*

-*Déjame eso a mí. Mira, yo soy en Lesaka como Franco en España. Yo soy quien manda aquí.*

Este libro se terminó de escribir
en la casa Ezkuntza de Lesaka
el 31 de octubre de 2013

www.ingramcontent.com/pod-product-compliance
Lightning Source LLC
Chambersburg PA
CBHW031632160426
43196CB00006B/380